U0455026

葛延杰 ◎ 著

息技术学科

教师教学指导方略

西安出版社

图书在版编目（CIP）数据

通用技术学科新教师教学指导方略 / 葛延杰著 .
西安 : 西安出版社 , 2024. 8. —— ISBN 978-7-5541
-7632-0

Ⅰ . G633

中国国家版本馆 CIP 数据核字第 2024X8P020 号

通用技术学科新教师教学指导方略
TONGYONG JISHU XUEKE XINJIAOSHI JIAOXUE ZHIDAO FANGLUE

作　　者：葛延杰
责任编辑：徐　妹
出版发行：西安出版社
社　　址：西安市曲江新区雁南五路 1868 号影视演艺大厦 11 层
电　　话：（029）85253740
邮政编码：710061
印　　刷：天津中印联印务有限公司
开　　本：880mm × 1230mm　32 开
印　　张：7.5
字　　数：149 千字
版　　次：2024 年 8 月第 1 版
印　　次：2024 年 8 月第 1 次印刷
书　　号：ISBN 978-7-5541-7632-0
定　　价：59.00 元

学然后知不足，
教然后知困。
知不足，然后能自反也；
知困，然后能自强也。

——《礼记·学记》

前　言

教育承担着为党育人、为国育才的重要使命，科技强国，其必先行。

通用技术学科是普通高中科学教育课程体系的重要组成部分，是学生技术素养形成的重要途径，对落实立德树人根本任务、实施国家创新驱动发展战略、弘扬中华优秀传统文化和提高全民技术素养都具有重要的作用。

撰写本书的目的，在于帮助刚刚走上通用技术教学岗位的新教师，快速地了解从事通用技术教学所必需的学科专业知识，加快其专业成长，提升技术课堂教育教学效果，充分发挥技术课程独特的育人价值，为培养德智体美劳全面发展的社会主义合格建设者和接班人做出应有的贡献。

本书共分八章。第一章从当前通用技术课程教学存在的主要问题出发，帮助新教师准确理解通用技术课程的基本理念和目标。第二章，通过对课堂教学中暴露出的问题，以"现场案例"的形式进行深入剖析，分析其成因并给出具体的解决办法；对必修模块的每一个大单元教学主题，都结合"教学案例"做了详尽分析，提出了切实可行的实施策略。第三章至第七章，分别对通用技术学科的课程教学实施、课堂教学管理、有效教学与实践教学、教与学的评价、课程资源的开发与利用等方面进行了阐述，其可以帮助新教师在较短的时间内把握通用技术课程实施的关键环节。第八章介绍了通用技术学科教师的专业成长路径，旨在为新教师的未来发展提供一点借鉴和参考。

最后，在本书完成的过程中，笔者得到了来自学校领导、朋友，特别是家人的鼎力支持与帮助，在此一并致谢！

葛延杰

2024 年 3 月 1 日

目 录

— CONTENTS —

第一章　准确理解通用技术课程基本理念

第一节　课程是培养学生技术核心素养的有效载体

　　普通高中课程通用技术课程，是中小学科学教育的重要组成，是学生提高技术核心素养的一个宽广的平台，而能否发挥课程这一平台的相应作用，有效地让学生通过课程学习理解、应用一些基本的技术知识，提高以技术设计和技能操作为主要内容的技术实践能力，领悟蕴含在技术过程中的基本思想和方法，体验、内化技术的文化内涵，则与通用技术教师能否准确地认识课程目标和课程特点密切相关。

　　目前承担通用技术课程教学任务的是来自不同专业背景的教师，伴随着通用技术教学实践的持续开展，其中一部分教师对这门课程的认识逐渐深刻，其专业素养和教学能力也在不断提升，成为通用技术课程的教学骨干，但由于多方面原因，仍有一部分通用技术教师在教学中感到茫然。为了能给教师们尤其是刚从事这门课程教学的新教师提供一些帮助，以便其更加全面、深刻、准确地认识通用技术的课程理念、课程目标，更加准确地理解"技术核心素养"这一核心概念的丰富内涵，更加准确地认识通用技术课程与劳动技术、职业技术、科技活动课程的区别与联系，把握好通用技术课程教学的本质要求，接下来笔者将重点围绕通用《普通高中通用技术课程标准（2017 年版 2020 年修订）》（以下简称《课程标准》）展开阐述。

2020 年修订的《课程标准》在继承 2017 年版面向全体学生、注重德术并举、强调知行合一、坚持必修与选修结合等特色的基础上，努力建构以核心素养为导向，以技术实践为核心，体现了技术的最新发展和学生的多样化学习需求。

新版《课程标准》修订了哪些内容？对指导通用技术课程教学有什么指导意义？为了解教师对《课程标准》的认识与理解程度，在 2023 年，某省高中通用技术教育专业委员会在进行通用技术课程实施情况调查时，对部分学校的通用技术教师进行了一次关于《课程标准》学习情况的问卷调查。结果发现，参与调查的 285 位通用技术教师中，有 96 位教师还没有见过《课程标准》（纸质版或电子版）；有 128 位教师选择了"只是对课程标准浏览了一下"，而没有对《课程标准》进行系统研读；关于"对通用技术《课程标准》内容的把握"一题，有 77 位教师选择了"还不太熟悉"，56 位教师选择了"有一些印象"；而对于"教学设计时关于教学目标的确定所采用的方式"一题，有 89 位教师选择了"从知识与技能方面确定教学目标"，112 位教师选择了"有时从知识与技能方面确定教学目标，有时列出核心素养水平目标"；关于"课堂教学过程体现教学目标"，有 91 位教师觉得"还做得不够好"。

重视对《课程标准》的学习与研究，准确把握课程的教学目标，是教师做好教学工作的前提。但在实际工作中我们发现，尽管已执教通用技术课程多年，仍有部分通用技术教师并没有详细地研读过《课程标准》，对于通用技术《课程标准》的内容要求不太清楚。在参与问卷调查的通用技术教师中，一部分教师甚至还没有见过《课程标准》，还有一部分教师只是对《课程标准》进行了浏览，由此可见，部分通用技术教师研读《课程标准》的意识还不够强，全面、细致地研读《课程标准》这一环节还未很好地落实。

又如，"提高学生技术核心素养"是通用技术课程的落脚点，也应是每一位通用技术教师非常清晰的工作指南。但在问卷和交流中发现，部分通用技术教师对于"技术核心素养"这一核心概念的丰富内涵缺乏全面、准确的把握，只是凭着对技术核心素养的朦胧理解和对技术课程的直觉来进行通用技术教学。在具体的教学过程中，部分教师缺乏对与教学内容相对应的《课程标准》的反复琢磨，缺乏对一节通用技术课应达到哪些教学目标，以及通过怎样的过程和采取怎样的措施来达成教学目标等问题的深入思考，教学中难免出现较大的随意性。

从问卷调查结果中可以看出，部分教师教学时只关注到知识与技能方面的教学目标，而疏于关注学科核心素养方面的教学目标；教学上则主要采取教师讲授和归纳的方式，教给学生有关技术的结论性知识；教学过程中未能给学生留出足够的时间和空间，为学生自主学习、合作学习、探究学习创造适宜的环境，未能让学生经历丰富的技术学习的实践过程。其结果是，学生虽然学习和掌握了一些技术的知识和技能，但未能领悟其中重要的技术思想方法，运用技术知识和技能分析与解决问题的能力也没有得到有效提高，自然，"提高学生技术核心素养"的课程目标也难以有效达成。

通用技术"提高学生技术核心素养"的课程目标，是通过每一节课的教学来实现的，而能否在课堂教学中让学生的技术素养得到有效发展，其前提是通用技术教师在设计教学方案时能将每一次课堂教学所要达成的教学目标想清楚。

准确地领会《课程标准》的相关要求，精心地确定教学目标，是通用技术教师做好教学工作的基础。因此，通用技术教师在平时的教学工作中应注意如下几个方面。

一、反复研读《课程标准》，准确把握通用技术课程目标体系

《课程标准》对技术课程的性质、价值以及通用技术课程的基本理念、课程目标、设计思路、内容标准和实施建议做了详尽的阐述。《课程标准》中的基本目标、总目标、具体目标、内容标准和独特追求目标，构成了层次清晰、重点突出的目标体系。《课程标准》是教师确定教学目标、设计教学过程的重要依据，通用技术教师只有在认真学习、领会《课程标准》要求的基础上，深刻认识并准确把握好教学目标体系，才能确保在教学过程中真正贯彻好、落实好《课程标准》，实现提高学生技术素养的总目标。

　　《课程标准》从宏观到微观、从全面到重点对通用技术教学明确了要求，形成了一个完整而又脉络清晰的目标体系。在"学生能获得未来发展、终身学习、美好生活和担当民族复兴大任所必需的学科核心素养，成为有理念、会设计、能动手、善创造的社会主义建设者和接班人"这个学科"总目标"指导之下，确定了"具体目标""内容标准"。

　　《课程标准》针对"技术与设计1""技术与设计2"两个必修模块和11个选择性必修模块、4个选修模块的各个教学主题分别制定了内容标准，如针对"技术与设计1"的"技术及其性质""设计过程""设计的交流""设计的评价"；"技术与设计2"的"结构与设计""流程与设计""系统与设计""控制与设计"等每一个教学主题制定了相应的内容标准要求，从而将具体目标进一步落到实处。教师在研究教学内容、设计教学方案时，应详细地研读内容标准，准确把握内容标准中每一条款的具体含义与要求，在此基础上确定出清晰的教学目标和教学策略，进而将内容标准要求转换成相应的教学活动过程。

　　为了更加突出通用技术这门新课程的特点与教学取向，使通用技术课程真正成为学生创新精神和实践能力培养的有效平台，《课程标准》在确定出基本目标、总目标、具体目标和内容标准的同时，进一步强调指出了课程实施要致力于实现"技术的理解、使用、改进及决策能力；意念的表达与理念转化为操作方案的能力；知识的整合、应用及物化能力；创造性想象、批判性思维及问题解决的能力；技术文化的理解、评价及选择能力"这一独特追求目标，其中所涉及的能力目标构成了"技术素养"的核心部分，教师在课程实施过程中对此应予以特别的重视，使其能在学生对通用技术课程学习中发挥出积极的主导作用。

二、认识"技术核心素养"的丰富内涵

"技术核心素养"是通用技术课程的重要概念。要认识"技术核心素养"这一概念的内涵，则有必要对"素养""技术"等概念有清晰的认识。所谓"素养"，是指经由训练和实践而获得的技巧或能力。素养具有一定的稳定性，在个体的一生中发挥较为长期、稳定的效应。"技术"的内涵非常丰富，技术本身构成了知识，表现为知识形态的技术；技术可以体现为人的一种娴熟的行为，表现为个体应用技术活动能力形态的技术；技术也可视为技术过程的操作方法，以及技术内在的思维方式和方法，表现为内在的思维方式和方法的技术；还因为技术成果的道德伦理特征及技术融进的审美与情感因素，表现为文化的技术。

概括来说，学科核心素养是学科育人价值的集中体现，是学生通过学科学习而逐步形成的正确价值观、必备品格和关键能力。通用技术学科核心素养主要包括技术意识、工程思维、创新设计、图样表达、物化能力五个方面。

学生良好的技术素养，表现为对技术知识的理解应用能力。为此，教师应帮助学生学会或掌握一些通用技术的基本知识和基本技能，如技术的内涵、产生及管理等方面的基本

知识，以及常用工具的使用、普通材料加工、产品设计、制作工艺、产品检测等方面的技能。

学生良好的技术素养，表现为以技能操作和技术设计为主要特征的实践能力。在普通高中开设通用技术课程，并非要求学生掌握某些具体技术领域中所需的专业技术能力，而是要培养学生初步使用技术和运用技术原理分析、解决技术问题的能力，发展学生正确地、高效地、有道德地使用技术等方面的能力。

学生良好的技术素养，表现为对蕴含在技术过程中的基本思想和方法的准确领悟。通用技术课程蕴含着非常丰富的思想方法内容，既包括作为指导思想的技术理论及方法论，也包括具体的操作手段、途径和措施，如设计、模型、试验、比较、权衡、优化、流程、结构、系统、控制、反馈、功能模拟、设计原则、定性定量等。教师应注意将技术思想和方法渗透、融合、贯穿到具体的教学过程之中，并突出其对解决具体技术问题的指导作用。教师应特别重视引导学生进行技术分析，通过深入的技术分析，让学生体验、理解、领悟具体技术事物中所蕴含的思想和方法，并能逐步内化、运用技术思想和方法去解决具体技术问题，真正实现"动手做"与"动脑做"的高度统一，以提高技术思想和方法的迁移运用能力。

学生良好的技术素养，还表现为学生能够领悟技术产品的特征与用途的文化内涵，具有对技术的文化内涵的体验内化能力。这就需要通用技术教师能够引导学生正确认识蕴含在技术事件中的伦理道德与审美价值，让通用技术课程成为落实教育"立德树人"根本任务的有效载体，从而使个体更好地融入技术世界，有效地促进个体学习、工作和生活质量的提高。

第二节　课堂教学要突出设计与实践

在课堂教学中，如何有效地落实通用技术课程的课程目标，提高学生的学科核心素养是所有通用技术教师都会面临的一个问题。在通用技术课程实施过程中，只有真正领悟了课程的基本理念与课程目标，认识到这门课程与劳动技术、职业技术、科技创新活动等课程的区别与联系，突出技术设计与操作实践，才能更好地实现"提高学生技术核心素养"的课程目标。

一、现象案例：似是而非的通用技术课堂教学

通用技术课堂教学方法灵活多样而又富有成效，但也仍有部分通用技术教师所上的通用技术课似是而非。例如，少部分教师认为通用技术课程理应让学生熟练地掌握某些技能，所以在教学时特别强调对某一项技能的熟练操作和掌握，结果因用了较多课时让学生进行一些技能的训练，而无法在规定的课时内完成两个必修模块的教学任务。

另有少部分教师认为通用技术课程应特别关注技术创

新，学生学习这门课程是否真正有效，就看其能否拿出在各级学生创新竞赛中高质量的科技小发明获奖作品。因此，教师用了大量时间与精力讲解创新技法，然后组织学生动手制作作品，将通用技术课程等同于科技创新活动课程。

也有少部分教师上通用技术课时采用讲解书本内容的方式，就案例讲案例，纸上谈兵，让学生单纯学习教材文本内容，记忆技术的有关概念、原理和技术实验的结论，没有或很少让学生进行技术实践的活动。

还有少部分教师将较多教学时间花在自己熟悉的专业方面，如原来执教物理课程的教师在进行"结构与设计"内容的教学时，在力的知识、结构的知识、强度的知识等方面做了较大的拓展，增加了教学难度；而精通电子技术的教师在上通用技术课时则详细地讲解一些电器的原理及修理知识。

从上面的案例中，我们看出教师的教学观念无时无刻不在影响着教师的教学行为。之所以出现上述几种不正确的教学现象，是由于部分教师对通用技术课程还缺乏正确的认识。部分教师在进行通用技术课程教学时特别强调对某一项技能的熟练操作和掌握，用了较多课时让学生反复进行技能训练，这主要还是受传统的劳动技术课程教学理念的影响。以往劳动技术课程注重的是学生劳动观点、劳动技能和劳动习惯的培养。教学内容主要是以某些技术项目如"家庭电工""农作物栽培""小五金制作"等为载体，以操作技能训练为主线，突出一个个技术点的教学，在教学过程中让学生更多地进行技能模仿与实践。如让学生制作一个小榔头，学生则按照金工的操作要领、要求和顺序，模仿教师的示范动作进行操作。然后，采用全班同学一起或分组合作或独立制作的方式，做出材料、形状和尺寸与教师示范完全一致的小榔头。整个教学过程以技能训练为主，经过反复多次的技能操作训练，达到熟练操作的程度。显然，这是按照劳动技术课程的教学思想来上通用技术课程，注重的是学生对一些基本操作技能的掌握，而忽视了技术设计内容的教学，缺乏对学生创新思维能力培养的过程，不太可能让学生真正领悟到一些重要的技术思想和方法，不符合通用技术课程的理念与要求。

通用技术课程虽然是在劳动技术课程的基础上发展过来的，但是其课程立意更加高远，不再局限于让学生掌握一些生产劳动的基本技能，而是要求学生在这门课程的学习过程中能够更好地理解、选择与使用技术，具有更强的分析和解决技术问题的能力，能够形成积极的技术情感和正确的技术观。概要地说，通用技术课程要实现提高学生技术素养的目标，而不是要通过这门课程的教学让学生掌握某些职业技能。所以，通用技术教师在教学时要特别注意将其与劳动技术和职业技术课程区别开来。

虽然，通用技术课程与学校开展的学生科技创新活动确有相同之处，都注重创新，但部分教师却将通用技术课程完全等同于科技创新活动。教学过程中用大量时间讲解各种创新技法，特别关注学生在科技小发明活动中是否获奖，以学生在科技小发明活动中取得好成绩作为达成课程目标的重要标志，这种做法无论是在教学理念还是教学行为上，都偏离了正确的方向。由于科技创新活动更注重作品的创新性，教师如果将通用技术课程等同于科技创新活动，则不可能按照通用技术课程的要求去系统、有序地推进教学，会忽视对学生发展至关重要的技术思想和方法的教学，难以有效地提高学生的技术素养。出现这种情况往往与部分教师具有比较丰富的学生科技创新辅导经验有关，也与目前部分学校教师教学工作业绩评价方案不够全面和完善有关。由于学校对通用技术教师工作业绩的评价过于强调学生科技竞赛获奖，而对教师是否完成课程基本教学任务关注不够，使得部分教师在教学时就偏离了正确方向。

在实际学科教学中，部分教师教学时确实存在"度"把握不当的问题，如由于自己原来执教物理，或在电子技术方面有专长，教学过程中则在自己熟悉的专业方面做了较大的拓展，增加了教学内容，加大了教学难度。出现这种情况，一方面是由于以往教学的经历和经验所导致的思维定式；另一方面也与缺少有效的培训和教师未认真研读《课程标准》，对通用技术课程目标、理念、内容及教学要求缺乏正确的理解和把握有关。例如部分教师采用传统的讲授方式来进行通用技术课教学，按照教材内容顺序进行讲解，注重让学生记忆有关的技术概念、技术原理和技术实践活动结论，而没有让学生经历应有的技术设计与制作实践活动过程，显然不符合通用技术课程注重实践的特征。学生没有经历具体的设计、制作、测试、评价等技术实践过程，就不可能获得真切的技术体验，也不可能在技术实践过程中领悟其中的技术思想和方法，形成真正的技术方面分析和解决问题的能力。

二、教学案例：简单的结构设计（教学设计）

教材版本：粤教粤科版普通高中通用技术教材《技术与设计2》（2019年版）

课型：新授课

课时：1课时

（一）课程标准要求

通过技术试验或技术探究分析影响结构的强度和稳定性的因素，并写出试验报告；结合生活中的实际需求进行简单的结构设计，并绘制设计图样，做出模型或原型。

（二）教材分析

本节所用教材是粤教粤科版《技术与设计2》。本册教材第一个技术主题"结构与设计"，共有四个相对独立的技术主题。本节课是第三节的内容，是在该主题中展现学生学习成果的关键一节。本节内容是在认识结构和探究结构的基础上，要求学生按设计要求去分析影响结构稳定性和强度的各种因素，进行简单的结构设计，绘制图样并做出模型或原型，最后以技术试验的方式对制作成果进行检测评价。完成本节内容，有助于学生充分理解结构特性，形成实践性感悟，提升技术核心素养。

（三）教学目标

1.能对纸制秋千进行结构设计，绘制设计图样，做出承重秋千模型；

2. 进行纸制秋千的承重试验，能结合实例分析影响结构稳定性和结构强度的因素，提高创新意识和团队合作的意识，增强社会责任感和使命感；

3. 通用技术学科核心素养包括技术意识、工程思维、创新设计、图样表达和物化能力等五个方面。本节内容在这五个方面均有体现，具体如下：

● 技术意识：理解设计稳固结构的重要性；

● 工程思维：比较权衡影响结构稳定性和结构强度的因素，综合分析；

● 创新设计：按需求进行简单的结构设计；

● 图样表达：绘制设计图样；

● 物化能力：做出模型或原型。

（四）教学重点、难点

教学重点：能进行简单的结构设计，绘制设计图样，并做出原型或模型；能结合实例分析影响结构稳定性和结构强度的因素。

教学难点：能结合实例分析影响结构稳定性和结构强度的因素。

（五）学情分析

本节内容在高一下学期开设，学生通过《技术与设计1》的学习，对技术及其性质已经有了较为全面的理解，亲历过完整的技术设计的一般过程和评价过程，具备了一定的分析问题、解决问题的能力。同时学生通过认识结构和探究结构的学习，了解了影响结构稳固的各种因素。但学习中有些困难也不容忽视，一是在高中学业压力下，让每个学生主动地、全程地、有效地参与通用技术课堂学习难度不小；二是学生在 40 分钟这样短的时间内完成分析影响结构稳固的各种因素，确定结构设计方案，并对其展开实施和验证也存在一定难度。因此，本节用童趣十足的纸秋千制作激发学生探究兴趣，同时引入承重比赛机制来调动学生的参与热情，用小组的集体荣誉推动每位同学的深度参与合作，让学生在实践活动中探索、合作、评价、改进，使学生真正地做到自主学习、学以致用，全面促进其技术思维与能力的发展，从而提升其技术核心素养。

（六）教学方法

本次课在技术试验室中进行教学。

1. 教学方法

实例分析法、创设项目情境、小组合作探究。

2. 教学资源

多媒体课件、实物展台与屏幕投影、纸秋千模型、实验器材（一套砝码，最大砝码为 500g）。

每个学生小组配发的材料与工具（共 10 组）：

（1）制作材料：每组四张 A4 打印纸、一段 10 厘米长的双面胶及胶水，不允许再添加其他材料。

（2）制作工具：剪刀、直尺、铅笔。

（七）学习评价

1. 评价内容

（1）对小组的秋千结构（或设计图样）进行评价。

（2）结构是否完整，设计是否合理，造型是否美观。

（3）秋千结构承重最大质量（承重质量且结构完好者胜）。

2. 评价方式

技术试验、小组自评、组间互评、教师评价等。

（八）教学流程框架

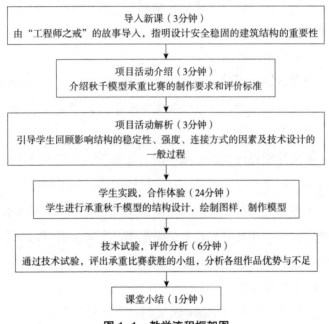

导入新课（3分钟）
由"工程师之戒"的故事导入，指明设计安全稳固的建筑结构的重要性

项目活动介绍（3分钟）
介绍秋千模型承重比赛的制作要求和评价标准

项目活动解析（3分钟）
引导学生回顾影响结构的稳定性、强度、连接方式的因素及技术设计的一般过程

学生实践，合作体验（24分钟）
学生进行承重秋千模型的结构设计，绘制图样，制作模型

技术试验，评价分析（6分钟）
通过技术试验，评出承重比赛获胜的小组，分析各组作品优势与不足

课堂小结（1分钟）

图 1-1　教学流程框架图

（九）教学过程

1. 导入新课

（1）教师活动

由"工程师之戒"的故事导入，引出当年魁北克大桥的

建设过程及坍塌情况。究其原因，是工程师在结构设计上出现失误，擅自延长桥梁主跨长度100余米，而忽略了桥身自重。指明工程师之戒的警示作用，牢记教训，使学生充分理解设计安全稳固的建筑结构的重要性。

（2）设计意图

由魁北克大桥坍塌这一历史教训导入新课，创设情境，引起学生关注，使其深刻理解稳固结构对于桥梁等建筑结构重要性，增强学生社会责任感和使命感，渗透德育思想。

2. 项目活动介绍

教师活动：大到高楼桥梁，小到一架秋千，生活中的各种结构只有确保稳固才不会发生安全事故，才能保证人民群众的生命财产安全。

如果你受邀设计游乐园中的一款秋千，肯定想设计出安全可靠、造型新颖的产品。其中设计图样、施工论证等过程必不可少，有时候还要制作出模型进行受力分析。那么本节课我们就来一场比赛，每个小组制作一个秋千模型，看看哪个组的秋千最结实，承重能力最强！

（1）制作要求

①每组同学用4张A4纸制作一个秋千模型，秋千的双侧支架、横杆、吊绳和座板都要求纸制，不能用其他材料代替。

②秋千模型整体长度不小于10厘米，高度不低于10厘米，座板长度不小于4.5厘米，宽度不小于4厘米（方便摆放砝码）。

③连接方式：以胶水粘贴为主，另每组限配 10 厘米长的双面胶。

（2）评价标准

①秋千结构完整，设计合理，造型美观。

②秋千座板可以承载砝码，在秋千模型没有严重倾斜、弯曲变形及断裂的前提下，承载砝码质量最大的组获胜。

（3）设计意图

创设项目情境，用童趣十足的秋千制作吸引学生兴趣，引入承重比赛机制调动学生积极性和主动性，用小组集体荣誉推动每位同学的参与合作。让学生在实践活动中探究、合作，使学生真正地做到自主学习、学以致用，同时体现"以学生为主体"的教学理念。

3. 项目活动解析

（1）师生活动

引导学生分析，"在秋千模型没有严重倾斜、弯曲变形及断裂的前提下，承载砝码质量最大的小组获胜"是考查这个结构稳定性、强度和结构连接的设计。

请学生发言，师生共同回顾第二节课"探究结构"中有关影响结构稳固的主要因素。结构的稳定性与重心位置、支撑面积、形状等因素有关。结构的强度在材料一定的情况下，由形状、横截面积等因素决定。此外结构连接处不牢固也会影响整个结构的承重能力，符合短板理论，哪项出问题都会影响到最终结果。

结构设计的过程类似于我们上学期学的技术设计的一般

过程，引导学生回顾"技术设计的一般过程"。

（2）设计意图

"磨刀不误砍柴工"，在学生进行自主实践学习之前的引导分析，可以让学生在活动中有的放矢，不会无从下手。好的活动项目可以激发学生的进取心和挑战欲望，投入更高的学习热情。学生跃跃欲试想验证在"探究结构"中刚学的知识。

4. 学生实践，教师指导

（1）师生活动

准备充分，比赛正式开始。

每组学生迅速讨论，分工合作，根据《活动指南》中的活动流程开始设计制作秋千模型。明确问题后，确定设计方案，绘制草图、分工制作。教师巡视指导。

（2）设计意图

以学生为中心，立足学生的直接经验和亲身参与，将新课标的理念融入可操作的实际教学中。

5. 技术试验、评价分析

（1）师生活动

组织学生上台对本组秋千模型进行承重试验，并对其他小组的作品进行评价。

请各组学生分析评价自己作品的优点与不足。如为增强结构稳定性采用的设计有哪些，作品的创新设计之处是什么，可能存在的不足，等等。

其他小组同学评价其创意设计、承载能力及外观造型特点。

（2）设计意图

通过技术试验、组间互评、自评等评价活动，使学生进一步加深对影响结构稳定性和结构强度因素的理解，从而在创新设计中增强了体验感悟，真正做到自主学习，提升了技术核心素养。

6.课堂小结

师生活动：承重最佳的组只有一个，但我们每个人都收获满满，经历了结构设计的全过程，也学会了分析影响结构稳固的各种因素。期待各位同学能设计出更好的结构作品！

三、从教学案例中总结教学中应注意的地方

从以上教学案例我们可以看到，要想有效落实《课程标准》，课堂教学一定要突出设计与实践。这是因为，通用技术课程的实施是以提高学生的技术核心素养为总体目标的，重在培养学生对技术的理解、技术的使用、技术的选择与管理能力，掌握技术设计的一般思想和方法，形成一定的技术探究、运用技术原理解决实际问题以及终身进行技术学习的能力。为了有效地提高学生的技术素养，教学时应该避免出现以操作技能训练为重点、用科技小发明创新活动取代课程教学或注重记忆技术知识等不正确的做法，而应按照课程标准的要求来开展教学工作。因此，教学中应注意以下几个方面。

（一）落实好各个主题的教学

在通用技术必修模块中，《技术与设计 1》包括"技术及其性质""设计过程""设计的交流""设计的评价"四个主题。在认识技术的基本特性的基础上，以产品设计为载体，从发现技术的问题开始，经过设计方案的制订、原型与模型的制作、方案的优化与最终方案的确定，直到产品的使用说明，让学生经历完整的设计过程的学习。

《技术与设计 2》包括"结构与设计""流程与设计""系统与设计"和"控制与设计"四个具有典型意义的、与技术发展密切相联系的主题。"结构与设计"强调从力学的角度理解结构、结构的强度和稳定性等问题，关注简单的结构设计；"流程与设计"强调对流程和流程优化的理解，以及简单流程和流程改进的设计；"系统与设计"则重在对系统的理解，以及如何运用系统的思想解决技术设计问题；"控制与设计"注重控制的含义和控制的应用，以及生活生产中的简单控制系统的设计。这四个主题内容的教学，具有丰富的思想内涵和方法论意义，对提高学生理解技术概念和技术原理、运用技术知识分析和解决技术问题的能力，指导学生的生活、学习及人生规划，都具有广泛的价值。

《技术与设计 1》《技术与设计 2》两个必修模块中包含着丰富的技术设计基本知识与技能，蕴藏着技术方面重要的基本思想与方法，对于提高学生的技术素养具有积极的教育价值，教师应认真做好每一个主题的教学工作。

（二）注重技术设计的教学

技术设计是技术的基础内容，也是技术发展的关键。《技术与设计1》《技术与设计2》两个必修模块，涉及技术设计的一般过程和技术设计中应考虑的一般思想方法，这些内容有助于发展学生的创新思维品质，是培养学生创新能力的重要载体。教学时，教师要始终关注通用技术的课程目标，践行好课程的基本理念，注重引导学生经历技术设计的全过程，并在技术设计的过程中强化技术设计技能的形成；要结合教学内容充分引导学生进行技术思考，留给学生足够的思维空间和时间；要认真观察学生的学习过程，敏捷地捕捉学生思维的发展状况，适时鼓励、点拨与指导；还要重视引导学生进行作品的技术分析，通过深入细致的分析，让学生体验、理解、领悟具体技术事物中所蕴含的思想方法，并能逐步内化，继而运用技术思想方法去解决具体技术问题。

（三）开展好动手实践活动

通用技术课程的教学，既要避免按传统劳动技术课程教学方式那样只注重学生动手操作技能训练的倾向，又要避免完全采取教师讲授，学生倾听、观看的方式，导致学生所能感受的也基本上是课件和视频中的技术事件，仅在纸上做技术设计练习，缺乏动手物化作品的实践活动过程。教学中教师要引导学生去认真实践一些项目的设计任务，如台灯、书架、多功能文具盒、台式相片架、桥梁模型的设计，农村住宅建筑施工的流程设计，教室设计，宾馆自动门模型的设计，蔬菜大棚的恒温控制的设计等；或是学生自选主题，让学生实实在在地进行一些设计实践，在实践中体验和感悟技术思想和方法，切实提高学生的技术设计能力。

第二章 通用技术课程主题教学策略指导

第一节 让技术课堂更富有实效

常言道:"教学有法,教无定法,贵在得法。"通用技术课堂教学同样如此。为此,我们需要进一步探讨教师如何根据教学内容与学生实际情况,灵活多样地选择教学策略与方法,使教学取得更好的效果。

一、现象案例

(一)现象案例1:被"案例"占据的课堂

目前,通用技术课程资源还是相对比较缺乏的,部分教师为了提高学生的学习热情,激发学生的学习兴趣和动力,在教学设计中,费尽心思地采用了大量案例,而且所涉及的都是尖端、先进的高科技——大到宇宙飞船,小到纳米机器人,每个案例都精彩生动,声画并茂。这样给学生的感受就是技术的快速发展改变了人们的生活习惯、学习方式,不学技术就会被社会淘汰掉。课件制作也是精美华丽,内容翔实,动画演示变化无穷,教师认为这样的课堂教学过程生动活泼,刺激着学生的大脑,课堂教学不再枯燥无味。

（二）现象案例 2：流于形式的"实践"活动

在日常教学中有这样一些现象：课堂上，教师提出一个问题："如果流程中没有时序和环节会怎么样？"随后，教师要求学生分组围绕这一问题进行合作探究；还有的教师让学生用半个小时的时间以废旧报纸、胶水和橡皮筋为材料搭建桥梁，并比较哪个桥梁更能承重；甚至有的教师让学生进行一些三五分钟就可以完成的手工制作等随意、无序的实践活动等。

众所周知，教学策略是为完成教学目标而采用的手段和方法。上述两个案例在一定程度上反映出当前部分教师在课堂教学中存在的误区，即对教学案例的作用缺乏准确定位，对所探究的问题和实践活动缺乏精心设计，他们没有认真思考课堂教学的策略问题，没有明白课堂教学需要达成怎样的目标，以及学生需要做什么、怎样去做、做到什么程度等。这些做法，使通用技术课堂丧失了其应具备的功能，变得毫无实效。

实际上，案例教学是一种非常好的、特别适合技术设计学习的课堂教学方法。但是在案例 1 中，我们明显看出教师对案例教学法的运用不太恰当，教师只是把案例作为一种激发学生兴趣的课堂导入，没有对案例进行再次加工，没有挖掘案例所承载的教学目标的深层内涵。案例的选取首先应该基于学生的生活体验，如果离学生生活太远，学生会产生距离感，不易引起共鸣。案例的设计不能仅仅局限于激发学生学习兴趣的"引"的目的上，还要把重点落在启发、鼓励学生主动"学"的延伸上，通过案例来发现问题，思考解决问题的具体措施和办法，确保教学始终紧扣课堂的教学目标。案例的分析和讨论应该是开放、互动的，要通过大家观点的碰撞来辨明技术原理，启迪思维智慧，提高分析问题和解决问题的能力。因此，案例的选取应有助于实现教学目标，且宜精不宜多。单一、机械的教学方法，不能调动起学生学习和思考的积极性。而一节形式花哨的课，尽管学生在课堂上可能表现的积极性也很高，但同样收效甚微。

此外，小组合作探究以及小制作实践活动，也都是非常好的课堂教学和学习方法，但也不是万能的、通用的。如果研究的是"非常简单"的问题，采取小组合作探究方式，既不利于学生对知识、技能的掌握，又无助于学生思维能力的发展。利用废旧报纸、胶水和橡皮筋搭建的桥梁，只能算是生活中欣赏的作品，不具备桥梁的功能和作用，也体现不出课程中结构的技术原理，学生体验和感受不到技术的思想和方法，是对"做中学"和"学中做"的误导和曲解。

二、教学案例：认识结构（教学设计）

教材版本：粤教粤科版普通高中通用技术教材《技术与设计2》（2019年版）

课型：新授课

课时：1课时

（一）教学理念

本节课教学理念是挖掘真实情境，发挥技术育人作用。

本课以"长时间线上教学引起的健康问题"作为情景引入教学，以"设计一款适合学习用的 PAD 支架"为主线，通过两个技术活动和对家乡著名建筑的赏析，引导学生完成对结构的初步认识，发挥技术设计的教育功能和引导作用。

（二）教学内容解析

1. 课程标准要求

从力学的角度理解结构对技术产品及其功能实现的独特价值，了解结构的一般分类和简单的受力分析。

2. 学科核心素养

（1）技术意识：能在探究日常生活物品结构的技术活动中，结合具体案例的辨析，形成对技术的理性态度和评价。

（2）创新设计：通过对结构、结构与力和结构分类的学习，了解为满足特定需求而需要解决的技术问题，并设计相应的解决方案。

（3）工程思维：能对生活中物品的结构，进行多因素分析试验，并通过比较、权衡、优化的分析方法，形成初步的工程意识和工程思维。

（4）物化能力：能使用基本工具完成产品的制作和装配。

3. 教材内容分析

本节课"认识结构"，是粤教粤科版普通高中通用技术教材《技术与设计 2》（2019 年版）第一章"结构及其设计"第一节内容。

第一章"结构及其设计"的学习主题围绕通用技术学科大概念"结构"展开。该主题重点关联"工程思维"和"创新设计"核心素养目标。第一节"认识结构"既是本章学习的入门章节，也是进行结构探究和结构设计的理论基础。"认识结构"共有三个部分：依次是"感知不同的结构""结构与力"和"了解结构的分类"。考虑到本单元的拟定项目主题为"设计一款适合学生使用的 PAD 支架"，有必要对教材内容进行适当的合理调整。在具体教学设计上，由技术活动 1 引出结构在广义上的含义，过渡到"感知不同的结构"；由为什么学习结构过渡到"结构与力"，最后通过家乡的著名建筑学习"结构的分类"。这样处理，就可以帮助学生从整体上理解结构在不同层面上的含义，构建默会性知识和程序性知识，发展学生的工程思维，提高学生解决问题、优化方案的综合性能力，从而形成良好的技术理性和个性品质。

（三）教学目标

通过技术活动 1，帮助学生理解结构的含义及研究结构的重要意义；

通过技术活动 2，帮助学生了解结构的 5 种受力形变及简单的受力分析方法，培养学生的技术意识和工程思维。

（四）学生学情分析

1.学生分析

（1）年龄特点：高中一年级的学生，好奇心和求知欲特别旺盛，探究能力明显提高，初步完成从具体思维到抽象思维为主的过渡。

（2）学习能力水平：在发现事物的一些主要细节和事物的本质方面，其稳定性、持久性都比初中生有了很大的提高。

（3）学习风格：更多地表现为听觉型、触觉型、群体型学习风格。

2.学情分析

通过《技术与设计1》的学习，学生具备了一定的分析问题、解决问题能力，但对结构的认知水平还仅限于生活中的直接感受，不能从理论上进行正确阐释。因此本节课试图让学生在技术活动体验中，学习结构的基本知识，引导学生对结构的认识从感性层面上升到理性层面，提升其技术核心素养。

（五）教学重点、难点

教学重点：从力学角度理解结构，理解结构对技术产品及其功能实现的独特价值；了解结构的一般分类和简单的受力分析方法。

教学难点：结构的受力分析方法。

（六）教学资源

多媒体教学设备；材料和工具：PAD支架两款各16个、螺丝刀32把；海绵长条32块、剪刀32把。

（七）教学设计思路

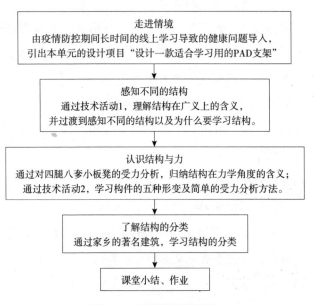

图 2-1　教学设计思路图

（八）教学过程

1. 环节一：走进情境

由疫情防控期间长时间的线上学习导致的健康问题导入，引出本单元的设计项目"设计一款适合学习用的 PAD 支架"。

设计意图：激发兴趣，预设问题。通过长时间居家学习带来的健康问题，引起学生共鸣，激发学生解决问题的欲望，引导学生养成用技术思维解决生活中实际问题的良好习惯，培养学生的技术意识。

2. 环节二：感知不同的结构

（1）结构在广义上的含义。

技术活动1：拆解并组装支架。从拆解、组装市场上现有 PAD 支架产品入手，初步分析支架的组成结构及各部件功能的关系。引出结构在广义上的含义。

问题1：这两款支架，是由哪些部分组成？

问题2：各个组成部分能否调整其相对位置？它在这个支架中的功能是什么？

归纳总结出结构、构件的含义。

（2）为什么要学习结构？

通过金刚石和石墨不同物理性质的原因分析，阐释学习结构、研究结构的重要意义。

（3）仿生学。

从人们根据自然界中的结构设计出了不同的产品，引出"仿生学"的含义，并作以简要介绍。

结论：对于结构进行的研究越深入，人类生产生活的质量和水平就会越高。

设计意图：通过对支架的拆解和组装，引导学生归纳总结结构的含义；帮助学生初步认识结构的组成部分及功能，为后面设计 PAD 支架结构做好铺垫，培养学生的工程思维。通过对仿生学的简要介绍，引导学生探究结构的兴趣，为研究"结构与力"的关系做好铺垫。

3. 环节三：认识结构与力

（1）结构在力学角度上的含义。从分析四腿八爻小板凳的设计，引出结构在力学角度上的含义。

（2）讲解分析结构受力的一般步骤。

（3）厘清物理学科、技术学科在对物体进行受力分析时的相同点和不同点。

（4）技术活动2：海绵块的五种受力形变。分析海绵块在5种形式力作用下的形变特点、受力特点。

（5）课堂练习：①分析插销在牵引作业时，受到什么形式的力？②分析吊扇在静止和运转状态，拉杆的受力形式。

（6）案例分析：压紧机构的受力分析。

（7）课堂练习：机械手的连杆和夹持手的受力形式。

设计意图：通过一款传统木工工艺中的榫卯结构——四腿八叉小板凳，引出结构的力学含义；通过讲解物理学科、技术学科在对物体进行受力分析方面的相同点和不同点，帮助学生掌握正确的受力分析方法。通过技术活动2，引导学生运用所学知识，进行构件的受力分析。通过课堂练习和案例分析检验学生学习效果，帮助学生将所学理论与实际生产结合起来，强化所学知识与技能。

4.环节四：了解结构的分类

实体结构：防洪纪念塔、索菲亚教堂。

框架结构：龙塔、松花江铁路大桥。

壳体结构：安全帽、气罐等。

组合结构：哈尔滨大剧院。

设计意图：以家乡的著名建筑为案例，学习结构的四种分类，即培养了学生运用本节课所学知识联系生活实际的良好习惯，实现知识的迁移应用，又培养了学生热爱生活、热爱家乡的情感，达到技术课程"立德树人"的价值目标。

5. 环节五：课堂小结

6. 环节六：课后作业

分析 PAD 支架在不同使用状态下：

（1）各构件会受到哪些力的作用？

（2）可能会产生哪些形变？

（3）怎样降低形变？

（九）板书：略（完）

三、从教学案例中总结教学中应注意的地方

本节课，教学策略选择合理，教学环节清晰，课堂结构也较严谨；教学目标设置比较得当。整个教学过程中，既有理论讲解，又有实践活动探究，动静结合，张弛有度。教学中能够创设有效的问题情境。"疫情防控期间，长时间的线上教学带来的健康问题"这一情境一出现，就立即引起学生的极大共鸣，顺势引出本单元的项目设计主题：设计一款适合学习用 PAD 支架。可以说这节课，在教学情境的挖掘上下了很大功夫，在接下来进行的理论讲解和两个技术活动中，学生的学习热情和主动性都比较高。在教学时间的分配上，松紧结合。对于"仿生学"的知识，点到为止；对于结构与力的知识，浓墨重彩。活动探究、课堂练习、案例分析交叉进行，师生互动良好，有效地完成了各环节的教学任务。

从以上教学案例中，我们可以看出选择什么样的教学策

略对课堂教学来说非常重要。教学策略是为实现某一教学目标而制定的、付诸教学过程实施的整体方案，是对教学思想、方法模式、技术手段三方面进行加工的系统决策，它包括合理组织教学过程、选择具体的教学方法和材料、制定教师与学生的行为程序。为实现通用技术的有效教学，教师在采用教学策略时应注意以下几个方面。

（一）科学定位通用技术课堂教学的课型

通用技术课堂教学的课型，按教学内容划分，有理论课、构思课、绘图课、试验课、制作课等；按教学形式划分，有讲授课、调查课、参观课、合作学习课等，当然这种划分并不是绝对的。但任何一节课，通常会有某项内容处于中心地位，其他教学内容或者作为它的铺垫，或者发挥辅助作用。

不同的课型决定了不同的课堂教学组织形式。例如，构思课是学习技术思想方法较为集中的课型——构思从课题与资料分析开始，接着运用设计原则与设计思想进行设计分析，采用多种方法构思多个方案，再经过技术试验、方案比较、权衡直至确定最优设计方案。构思的过程也是设计小组集体研究制订设计方案的过程，要积极采用小组学习的组织形式，发挥好小组的团队作用。

（二）正确运用通用技术课堂中常见的教学方法

教学方法是教学策略的具体化，是更为详细、具体和可操作的方式、手段与途径。针对通用技术教学，《课程标准》给出了"引导学生亲历设计的过程""重视技术思想和方法的学习指导""重视技术试验的教学""倡导学习方式的多样化""加强对学生的个别辅导""注重信息技术在教学中的使用"等教学建议。通用技术教师一定要深刻领会好这些教学建议，并在教学中积极采纳。

通用技术课程的教学，应根据教学中的具体内容和知识特点，多样化地选择教学方法，"教无定法，贵在得法"。如"识读流程图"教学，可侧重采用讨论、情境对话等方法；而"设计一个简单开闭环控制系统"，则可采用任务驱动和自主学习相结合的方法。总之，应注意针对不同的学习内容和学生差异，选择不同的学习方式，促进学生在教师指导下主动地、富有个性地学习。

（三）合理选择课堂教学中的技术活动载体

技术活动承载培养多方面技术素养的价值，是技术课程中的一种典型性学习活动。在课堂教学中，常常以技术活动载体来帮助学生领悟技术原理，掌握技术操作，体验技术方法。

技术活动载体的选择要根据现有的教学条件，符合诸多课程要素，具有典型特征，最好是贴近学生生活应用的技术产品，如放置 CD 盘的架子、室内雨伞架、人字梯、方便购物袋、小型书架、笔记本电脑桌等。

第二节　让学生具备技术交流的基本技能

技术语言是通用技术课程中非常重要的组成部分。技术语言部分的教学，要力求达到"使学生能识读一般的机械加工图、线路图、效果图等常见的技术图样，能绘制草图和简单的三视图"的目标，促使学生具备技术交流的基本技能，为技术设计内容的学习奠定基础。

一、现象案例

（一）现象案例1：超出标准的技术语言教学

部分从工科院校毕业的通用技术教师具有系统的机械制图知识和绘图能力，对于技术图样部分内容的教学，认为复杂的技术图样案例更能体现技术含量。例如有教师将具有复杂内、外部结构，需要特殊技术标注和多种视图才能表达清楚的机械制图案例作为教学素材，把技术图样绘制课上成了具有工科要求特征的专业制图课。

（二）现象案例2：偏离目标的"三视图"教学

在一次通用技术研讨课中，一位老师执教"三视图及其绘制"一课。从新课导入到内容展开的整个教学过程，教师将大部分时间用于讲解投影的种类、三视图投影规律和线面空间关系等内容，余下的时间则用在三视图绘制的技能演示上，而未能将三视图产生和形成过程、绘制简单规范三视图的基本方法及其绘制实践作为重点，教学过程体现出明显的立体几何教学的特征。整节课教学方法单一，教师讲解与演示占用时间过长，学生缺乏主动思维和实践的过程。

图样既是技术语言的主要形式，也是通用技术课程"技术交流"主题的核心教学内容。上述两个案例反映了目前在技术语言部分教学中出现的问题。案例 1 所反映的问题主要是由于部分教师在通用技术课程标准的认识上存在偏差。《课程标准》明确指出，高中通用技术课程以基础的、宽泛的、与学生日常生活联系紧密的技术内容为载体，以进一步提高学生的技术素养、促进学生全面而富有个性的发展为目标。基础教育的性质与培养目标决定了通用技术课程的通识性与基础性，与职业院校、工科院校所开设课程的专业性要求有明显的区别。《课程标准》中对于"设计的交流"的"内容标准"明确要求"了解技术语言的种类及其应用，能识读一般的机械加工图、线路图、效果图等常见的技术图样，能绘制草图和简单的三视图"。在具体教学过程中，部分教师选择比较复杂的机械零件图作为教学讲解案例或学生练习题目，而这些复杂技术图样的绘制涉及一些制图学的专业知识，比如物体的各种表达法、几何画法、复杂技术标注等，显然其教学内容远远超出了基础教育领域技术教育的内容要求，加重了学生的学习负担，也难以达到预期的教学效果。

　　案例 2 则反映出由于教师教学观念上的陈旧而导致的教学方式的呆板。现代教学理念倡导教学采用建构的方式，认为学生在日常生活和学习中，已经形成了丰富的经验，也有自己相应的看法。当问题呈现在他们面前时，他们可以基于自己相关的经验，依靠他们的认知能力，形成对问题的某种解释，并且在具体问题面前，会基于自己的经验背景形成自己的理解。而上述案例中，教师将教学过程等同于向学生讲授知识、学生记忆知识的过程，将大部分时间用于讲解投影的种类、三视图投影的规律、线面空间关系等内容，余下的时间用于三视图绘制技能的演示。这样，教师讲解与演示几乎占用整堂课的时间，整个教学时间只有教师的活动而缺乏学生自己的相应的活动，学生被动地倾听教师的讲授，记忆教师所讲授的关于三视图的知识，自己没有绘制简单三视图的实践体验，自然无法建构起关于三视图及其绘制的相应知识。

案例 2 存在的另一个问题是，教师未能很好地领会《课程标准》中"能绘制草图和简单的三视图"的要求。学生在学习了这部分内容之后，自己必须能规范地绘制简单的三视图，而如果仅有教师的讲授，没有学生相应的绘制三视图的练习过程，学生不可能真正掌握三视图绘制的基本技能。

二、关于技术图样的教学，教师应注意以下几个方面

（一）正确把握教学方向

目前大部分通用技术教师由其他学科转岗而来，教师往往不能准确认识和理解通用技术课程特征，在教学方向的把握上容易陷入原有学科背景，而偏离技术课程的教学要求。如具有数学背景的教师，在三视图的教学过程中，很容易进入数学范畴的三视图教学状态，教学方向上出现偏差。

数学中三视图的教学，着重于点、线、平面位置关系，将三视图作为空间几何体的一种表示形式，为学习立体几何奠定基础。虽然技术领域三视图和数学领域的三视图在知识

的表现形式上有交叉和重叠，但它们的教学理念不同，数学领域的三视图主要是为研究三维空间数量关系服务的，而技术领域的三视图则是为传递设计意图、发挥语言交流作用的。如果从两者知识学习的关系来说，数学领域的三视图为技术领域三视图教学奠定了基础。

除了具有数学背景的教师可能出现的教学方向偏差外，具有美术背景的教师在讲"透视效果图"时，往往过多地解析"焦点"问题，造成技术图样美术化教学的偏差。

总之，通用技术课程的三视图或其他技术图样的教学，要牢牢把握它们的技术交流语言的功能和作用，而非对数学关系或透视关系进行的研究。

（二）准确领会《课程标准》中的具体要求

《课程标准》是课程实施的依据。对于技术图样部分，《课程标准》明确规定，"能识读一般的机械加工图、线路图、效果图等常见的技术图样，能绘制草图和简单的三视图"。《课程标准》规定了学生学习必须达到的最低要求，在教学中如何准确把握需要认真揣摩和实践。

所谓"一般的机械加工图"，主要是指由简单几何形体（如棱柱、圆柱等）组成的，没有复杂内部构造的，一般用两三个基本视图（或简单全剖视图）就能清晰表达的零件图样。至于零件图上的粗糙度、尺寸精度、形状和位置精度、表面的处理、材料的热处理等技术要求，可根据需要，部分了解即可，对此不做严格要求。

（三）正确把握教学策略

1. 做好充分的教学准备

教师应在领会课程标准要求的基础上，对教学目标、学情、教材、教学过程等方面进行认真的研究，精心准备好教案、学案和课件等，并做好有关绘图工具、模型、挂图等教学具的准备，为取得良好的教学效果创造前提条件。

2. 阐明所学内容的意义

在进行技术图样内容教学时，应注意让学生领会其意义，明白技术图样在技术产品设计过程中方案的构思、呈现、交流、评价以及产品的制作过程中的重要作用。只有掌握了技术图样这一技术语言的基本知识和基本技能，才能进行技术设计和制作，有效地与他人进行技术交流。其中，三视图作为基本的技术图样，在技术产品设计方案的构思、呈现、交流、评价以及产品的制作中广泛应用，只有正确绘制三视图，才能准确传递技术信息，为技术生产或产品安装服务。

3. 精心创设绘图教学情境

在技术图样绘制教学时，应该选择合适的技术语言情境，把问题融入其中，形成技术图样绘制的心理需求。比如草图、正等轴测图、三视图等典型技术图样的教学，应该融入方案构思、三维效果、准确信息的传递等具体问题情境中进行，而不是孤立地讲授绘图知识、练习绘图技能。

4. 理论与实践相结合

技术图样是典型的知识性和实践性兼具的教学内容。教学过程中，教师应向学生呈现规范的绘制过程，并向学生清晰地说明注意事项，使学生对绘图过程有直观的感性认识，指导学生掌握技术图样的理论知识；同时又要注重绘图实践，让学生亲身参与识图与绘制技术图样的实践过程，在绘制图样的过程中掌握绘图的基本技能，形成运用技术图样语言来解决问题的思想，培养学生细心、严谨的态度，领悟技术图样在技术设计中的意义和作用。

第三节 通过"做中学"把握"技术设计过程"主题教学策略

通用技术课程教学的目标是，学生通过这门课程的学习，掌握设计的基本思想和方法，发展分析、解决技术问题的基本能力。在"技术设计过程"主题教学中，采用"做中学"的教学策略，则能更有效地帮助学生领悟技术设计的一般过程及其所涉及的技术思想和方法。

目前，在"技术设计过程"的教学中，仍有教师把技术设计过程的教学理解为技术产品制作的训练过程，一味强调操作的规范、制作的效率、技巧的掌握和产品工艺的精湛，甚至为了强调科技含量，选择了复杂的技术设计载体。他们认为将小板凳作为"技术设计过程"的载体太简单，应该选择技术难度大、具有一定技术含量的载体进行教学。也有教师在课堂教学中主要以说教的形式，向学生讲述设计一般过程中的每个环节。课堂教学呈现为：听着老师讲授，看着老师的 PPT 演示稿，记录着老师板书的内容，教学过程成为知识记忆的过程，"做中学"的教学理念成为空谈。

"技术设计过程"是技术设计的一般思想方法的重要组成内容之一。从上述案例可以看出部分教师对课程目标的把握还欠准确，对课程性质和理念的认识不够深刻，把通用技术课当成了传统的劳动技术课。他们把教学的着力点定位在技能培养上，过度强调了"做"的功能，缺少了"做中学"的思想，这样，难以有效地让学生从中领悟技术的一般思想和方法。

通用技术课程属于基础的通识教育的范畴。"技术与设计1"的内容均属于一般性的技术设计，学生在"做中学"的经历中，学会简单设计，体验一般过程的技术及文化。教学中只有选择学生有生活经验的、容易理解和掌握的教学载体，才有利于他们在实践中认识和体会到设计的一般思想和方法，如设计的一般过程、设计评价、设计交流以及技术试验的主要方法等。而如果学生没有"做中学"的经历，只有在课堂上倾听教师讲解，被动地参与到教师预设的问题探究的经历，"做中学"的教学策略则只能成为一句口号。

教师要准确把握"技术设计过程"主题教学，应做到以下几点：

一、准确领会《课程标准》的要求

《课程标准》是针对教学内容实施教学的依据。针对这部分内容，《课程标准》指出："熟悉设计的一般过程，初步掌握设计的基本思想和方法；通过设计的交流和评价，培养合作精神，提高审美情趣，学会多角度地思考问题。"设计的一般过程是学生掌握设计的基本思想和方法的初级阶段。教师在教学过程中，不应当机械地向学生讲授设计的科学理论方法，而应当从生活实际出发，创设客观生活情境，引导学生展开设计的一般过程。在此过程中，应注意以搭建活动平台为主，教师预设案例为辅，让学生成为设计的主导者，让学生真正参与到"做"的过程中，体验设计过程中的问题、困难、失败、成功。在此过程中，教师应给予适当的建议、指导、提醒与鼓励，这样，才能让学生在"做"中学会设计的一般思想和方法，达到教学的目的。

二、正确认识"做中学"，有效实施课堂教学

高中通用技术的课堂形式和课堂活动是多种多样的，主要包括技术感知活动、技术探究活动、技术制作活动、技术评价活动等。这些丰富多彩的技术实践活动以学生的亲手操作、亲历情境、亲身体验为基础，强调学生的全员参与和全程参与，立足于学生的直接经验和亲身经历。教师还要让学生在内涵丰富的"做"中完成"学"的有效认知。例如，在"设计的一般过程"主题教学中，可以采用"做中学"的策略，从而在师生互动的教学过程中，让每个学生通过观察、调查、设计、制作、试验等活动获得丰富的操作体验，在"做"的过程中主动有效地"学"到设计的一般思想和方法。

三、选择合适载体，经历技术设计过程

在教学过程中，要选择合适的设计、制作载体。如通过便携式板凳、台灯、书架等学生熟悉的生活用品的设计制作，让学生亲历发现与明确问题、制订设计方案、制作模型或原型、优化方案和产品使用说明等设计一般过程中的每一环节，感受设计实践过程这些环节的必要性，初步掌握这些环节中的基本方法，从而自主建构一般设计过程的技术思想和方法的理论框架。

第四节　通过"做中学"把握"结构与设计"主题教学策略

"结构与设计"由"常见结构的认识""稳固结构的探析""简单结构的设计"和"经典结构的欣赏"四部分内容组成。其设计思路很明晰，即按照认识结构、探析结构、设计结构、欣赏结构的程序推进，强调从力学的角度理解结构的含义、结构的强度和稳定性等问题，关注简单结构的设计，体验结构的和谐、简练和经典。这一主题的教学，意在让学生建构简单结构设计的有关知识，领悟相关的思想方法，提高技术素养。教学中，老师往往容易陷入工科领域中的"机械结构"教学，未能领会教材的设计脉络，没有站在技术素养高度把握"结构与设计"的典型思想教学及其教学设计。

此外，在"学中做"实践活动中，部分教师在通用技术课程标准的认识上只停留在教学内容表面，而没有从整体把握其精神实质。换句话说，在"简单结构的设计"教学中，"技术与设计1"中的发现与明确问题、制订方案、模型制作、方案优化、产品使用说明的"设计的一般过程"的思想与方法在这里都要得到体现，"学中做"策略要得到落实。另外，在"结构与设计"中，"稳固结构的探析"所涉及的对结构的稳定性和强度的分析也是本节课教学中要体现的重要思想。对于这部分内容，《课程标准》明确指出，"能确定一个简单对象进行结构设计，并绘制设计图纸，做出模型或原型"。因此，教学要从整个"结构"主题的教学内容上去把握。

总的来说，"结构与设计"模块从某角度来说就是从"力"的角度去谈"空间"的艺术，功能决定结构，只是它更为关心结构的强度与稳定性。"设计的一般过程"中的"测试、评估和优化"和"稳固结构的探析"都是"学中做"要贯彻落实的实践内容，但是部分教师认为这两个内容在前面的章节中已讲过，在"简单结构的设计"教学中就没有必要再重视"测试、评估和优化"这个环节，特别是不需要对结构的强度和稳定性进行实质性的分析和探究。恰恰相反，技术试验中对结构的强度和稳定性的探讨正是我们在"结构与设计"主题教学中所需要特别重视的思想方法，是教学的一个重点。

一、教学案例：结构的稳定性（教学设计）

教材版本：粤教粤科版普通高中通用技术教材《技术与设计2》（2019年版）

课型：新授课

课时：1课时

（一）教学理念

《课程标准》指出，技术教育对落实立德树人根本任务、实施国家创新驱动发展战略、弘扬中华优秀传统文化和提高全民技术核心素养都具有重要作用。

本课通过对"欹器（欹 qī，倾斜）"这一具有中国传统文化色彩的案例引入教学，并以"欹器支撑架"的设计分析为主线，确定问题的类型及特征，并以此为基础进行项目的任务分解，通过小组合作探究完成"分析→探究→试验→提炼"四个子任务，引导学生完成技术实践的设计、实施、验证、提炼等过程。

本课立足学生的直接经验，通过体验、设计、制作、试验等多样化的学习方式提升学生的学科核心素养；通过对学生的合作探究过程、工具的规范使用、设计方案的表达、作品效果的实现等多元化的评价机制达到提升学生技术核心素养的目的。

（二）教学内容解析

1.课标内容要求

通过技术试验或技术探究分析影响结构稳定性的因素，

并写出试验报告。

2. 学科核心素养

（1）技术意识：能在探究日常生活中物品结构的稳定性的技术活动中，恰当处理人技关系，形成规范、安全的技术习惯；能结合具体案例的辨析，形成对技术的理性态度和评价。

（2）创新设计：能根据设计对象和现有条件制定解决技术问题的一个或多个单一方案；能针对某个技术问题解决实例，设计一般的试验方案，撰写试验报告，形成基本的设计能力。

（3）工程思维：能对生活中物品的稳定性，进行多因素分析试验，并通过比较、权衡、优化的分析方法，形成初步的工程意识和工程思维。

（4）图样表达：能在简单的技术设计实践中，绘制规范的设计图纸；能绘制草图和加工图样，能识读常见的技术图样。

（5）物化能力：能根据设计要求进行简单的技术试验；能使用基本工具完成模型或产品的成型制作和装配。

3. 教材内容分析

本节课"结构的稳定性"，是粤教粤科版普通高中通用技术教材《技术与设计2》（2019年版）第一章"结构及其设计"第二节"探究结构"第一部分内容。

"结构及其设计"学习主题围绕通用技术学科大概念"结构"展开。该主题重点关联"工程思维"和"创新设计"核心素养目标。其设计思路是：认识结构——探究结构——结构设计——典型结构欣赏。第二节"探究结构"是在第一节"认识结构"基础上的延伸和深化，也是进行第三节"结构设计"学习的理论基础，是本章教学内容的重点章节。

"探究结构"共有三个部分：依次是"结构的稳定性""结构的强度"和"结构的连接"。在"结构的稳定性"部分，教材开篇直接给出了稳定性的含义，再通过教材第12页、第14页两个"实践活动"，引导学生探究和分析影响结构稳定性的因素；教材第14页"立即行动"，引导学生利用影响结构稳定性的因素，对常见结构的稳定性进行分析和讨论，加深对所学内容的理解；教材第14页"跨栏跑"案例分析从另一个角度让学生了解不稳定结构在生活中的应用。

教材针对影响稳定性的每一条因素分别设计了技术试验，但并没有给出针对一个技术产品进行的相对完整的技术试验。这就要求教师最好能设计一个完整的技术活动，帮助学生从整体上理解影响结构稳定性的主要因素，构建默会性知识和程序性知识，发展学生的工程思维，提高学生解决问题、优化方案的综合性能力，从而形成良好的技术理性和个性品质。

（三）教学目标

通过技术试验，探究影响结构稳定性的主要因素，并会在结构设计中灵活运用；

通过经历技术试验的设计及试验报告的撰写，提高学生的创新设计能力、图样表达能力、物化能力，培养学生的技术意识和工程思维。

（四）学生分析、学情分析

1. 学生分析

（1）学生年龄特点分析：高中一年级的学生，好奇心和求知欲特别旺盛，探究能力明显提高，初步完成从具体思维到抽象思维的过渡。

（2）学习能力水平分析：高一学生在发现事物的一些主要细节和事物的本质方面，其稳定性、持久性都比初中生有了很大的提高。能够按照一定的学习目的支配自己的学习活动。

（3）学习风格分析：高一学生在学习风格上更多地表现为听觉型、触觉型、群体型学习风格。

2. 学情分析

通过第一节课程的学习，学生对结构知识有了初步了解，但对结构稳定性及影响结构稳定性的因素，其认知水平还仅限于生活中的直接感受，不能从理论上进行正确阐释。因此教师可以让学生在技术试验活动中，通过控制变量的方式体验影响结构稳定性的因素，再利用所学知识，分析日常生活中的一些现象和结构产品设计的原理，引导学生对结构的认识从感性层面上升到理性层面。

（五）教学重难点及分析

教学重点：分析影响结构稳定性的因素，并写出试验报告。

教学难点：技术试验的设计。

　　基于本单元学科素养的水平要求，结合学生学情分析，本节课的教学难点确定为"技术试验的设计"。突破难点的策略是：通过以"欹器支撑架"的设计分析为主线，确定影响结构稳定性的因素及特征；通过对设计项目的任务分解，小组合作探究完成"分析→探究→试验→提炼"四个子任务，引导学生完成技术实践的设计、实施、验证、提炼等过程，发展学生的工程思维，提高学生技术核心素养；通过技术试验，初步学会试验方案的设计和简单试验报告的撰写，提高学生用技术思维分析问题、解决问题的能力。

　　（六）教学资源

　　1. 多媒体教学设备；

　　2. 材料和工具：1000mm 长铜芯线（直径 3.58mm）25 根，一次性木筷 25 双，一次性水杯 50 个，盛水盒 25 个；直尺、尖嘴钳、热熔胶枪各 25 个，胶棒、钩码若干。

　　（七）教学过程

　　1. 环节一：走进情境

　　（1）教师活动：

　　展示欹器图片，介绍欹器的历史典故。欹器（欹 qī，倾斜），古代一种倾斜易覆的盛水器，用来计时。水少则倾，中则正，满则覆。春秋战国时期被鲁国君王放在庙堂的座位右侧，专门用来警醒修身之用，因此又称"宥坐之器"，类似于今天我们说的"座右铭"。

　　播放短视频《欹器》。

　　问：欹器"虚则欹，中则正，满则覆"现象出现的原因是什么?

（2）学生活动：学生观看图片，听讲。观看视频。了解欹器的使用方法及历史文化背景。

（3）设计意图：激发兴趣，预设问题。通过图片和视频展示，介绍欹器的历史典故，激发学生的探究欲望，带领学生了解欹器背后隐含的历史文化，引导学生养成用技术思维分析事物的良好习惯，培养学生的技术意识。

2. 环节二：结构稳定性的含义

（1）教师活动：

教师演示教具欹器的工作过程。

问题1：在空载及少量荷载状态下，欹器、支撑架的平衡状态各是什么样的?

问题2：对欹器继续施加荷载，直至欹器倾覆。欹器、支撑架的平衡状态又是什么样的?

问题3：你认为结构稳定性的含义是什么?

（2）学生活动：观看演示。回答问题。归纳总结出结构稳定性的含义。

（3）设计意图：通过对欹器、支撑架施加不同荷载的对比演示，引导学生归纳总结稳定性的含义；帮助学生初步认识不稳定结构的特点，为后面设计稳定结构提供参考，培养学生的技术意识和工程思维。

3. 环节三：探究影响结构稳定的因素

（1）教师活动：

任务一：探究欹器"欹、正、覆"的原因，分析欹器的重心位置变化对结构稳定性的影响。

任务二：比一比，哪个小组的敔器支撑得高。（在约束条件下支撑架稳定性的探究试验）

用长度为 1000mm 铜芯线制作一个敔器支架，将钩码挂在支撑架顶部，整个装置放在 20 度的斜面上测试。要求在稳定的前提下，钩码的垂直高度越高越好。

教师指导学生将任务分解为四个子任务，引导学生完成试验。

子任务 1：分析项目（明确限制的条件、要求）

子任务 2：探究项目（设计、比较、权衡方案）

子任务 3：技术试验（验证假设，探寻规律）

子任务 4：提炼优化（分析数据、寻找原因）

（学习支架：见表 2-1、表 2-2）

表 2-1　敔器支撑架项目方案设计表

敔器支撑架项目方案设计表					
班级		组别		姓名	
材料准备：长度为 1000mm 的 φ3.58mm 铜芯线 1 根，一次性竹筷 1 支，一次性纸杯 1 个，热熔胶棒 1 个。 工具准备：尖嘴钳、热熔胶枪、钩码若干。					
设计方案： （以草图方式画出图样，标注主要尺寸。可以有必要的文字说明）					

表2-2 欹器支撑架的稳定性试验报告

欹器支撑架的稳定性试验报告					
试验名称	测试支撑架的稳定性		试验目的	分析影响支撑架稳定性的因素	
班级		组别		姓名	
试验内容及方法：用长度为1000mm铜芯线制作一个欹器支架，将钩码挂在支撑架顶部，整个装置放在20度的斜面上测试。要求在稳定的前提下，钩码的垂直高度越高越好。					
试验方案： 第1组：测试与稳定性的关系。 测试方法： 试验数据： 第2组：测试与稳定性的关系。 测试方法： …… 试验数据： 你认为还有哪些因素会影响结构的稳定性？ ……					
试验结论：					
试验结果对结构设计的启示：					

（2）学生活动：学生试验，分析并归纳重心位置对结构稳定性的影响。学生将任务分解为四个子任务，按照项目要求完成方案设计、技术试验、数据分析、优化方案等。

（3）设计意图：提出项目要求，意在引导学生学以致用。通过任务分解和学习"支架"，培养学生在设计探究的过程中，用系统思想进行思考的工程意识和创新思维；通过对试验结果的分析，引导学生分析、归纳、总结影响结构稳定的因素，实现对重点知识的掌握和对难点知识的分解与突破。

4. 环节四：分析试验数据，归纳总结影响结构稳定性的因素

（1）教师活动：

问：影响结构稳定性的因素有哪些？

问：如何提高支撑架的稳定性？

（2）学生活动：学生通过试验数据分析，归纳总结影响结构稳定性的因素及提高结构稳定性的方法。

（3）设计意图：通过分析数据，再现探究过程，强化所学知识与技能；通过归纳总结，培养学生分析问题、归纳总结的能力。

5. 环节五：拓展应用

（1）教师活动：

①支撑架利用了结构的稳定性，生活中哪些设计利用了结构的稳定性？

②欹器利用了结构的不稳定性，生活中还有哪些设计利用了结构的不稳定性？

（2）学生活动：学生讨论、回答。

（3）设计意图：巩固学习成果，培养学生运用本节课所学知识解决实际问题的良好习惯，实现知识的迁移应用。

6. 环节六：课堂小结

（1）教师活动：问：根据本节课对"欹器"的认识，"虚则欹，中则正，满则覆"所体现的传统文化内涵是什么？

（2）学生活动：

结合本课学习内容，思考，回答问题。

学生聆听其他同学的观点，发表自己的想法。

（3）设计意图：通过讨论"虚则欹，中则正，满则覆"所体现的传统文化内涵，培养学生从文化角度分析技术产品的能力；培养学生对技术的亲近感、理性精神以及对技术文化的感悟；培养学生对中华传统文化的热爱，提升学生对自我的认识，认识到谦虚、谨慎的重要性，达到技术课程"立德树人"的价值目标。

7.环节七：课后作业

请同学们课后查阅资料，分析摩天大楼在台风中"稳如泰山"原因是什么？

（九）板书

第二节　探究结构——结构的稳定性

"虚则欹，中则正，满则覆"——欹器

1.稳定性的含义：结构在荷载的作用下维持其原有平衡形式的能力。

2.影响结构稳定性的主要因素：

重心位置的高低

支撑面的大小　　　重心的垂线是否落在支撑面范围之内

结构的几何形状

3.其他因素：连接方式

（完）

第五节　通过"学中做"领会流程设计的思想方法

在工作、生活中，或在技术产品设计中，人们都将遇到流程问题。科学的流程设计，意味着安全、优质和高效。"流程与设计"主题的教学，应注意引导学生正确掌握流程的基本概念，领会流程的意义，建构好流程的技术思想。

一、现象案例：载体选择不当的"流程与设计"主题教学

在一次关于"流程与设计"主题的教学交流活动中，一位老师要求学生设计四个流程：一是早晨起床后必须做的三件事；二是邮寄一封信，信件从寄出到对方收到的过程；三是体育比赛的安排；四是文艺晚会节目的安排。这些均为关于生活流程的例子，没有关于工农业生产的。

另一位教师教学时则选择了三个化学反应（工业制取硫酸；从孔雀石中冶炼铜；用卤块制作轻质氧化镁）的流程作为教学案例，且基本上是教师在讲授，学生很少参与，教学氛围沉闷。

"流程与设计"由"生活和生产中的流程""流程的设计""流程的优化"三部分组成。生活中的很多事件以及技术产品的生产过程，都可以理解为流程，重要的是如何使流程更加合理。"时序"和"环节"是本单元的两个重要概念，

流程的设计就是对其进行科学合理的安排。流程的优化需要明确优化的目的、内容和所需的条件，着重从质量和效率等方面对流程进行分析。

上述案例反映出在"流程与设计"主题教学过程中有两方面的问题值得老师们注意：一是如何把握"流程与设计"教学内容；二是如何选择教学案例。对内容的恰当把握和载体的有效选择，可以巧妙地化解难题，突破教学难点，引导学生进入"流程与设计"教学活动中来，有效地落实学生的"学"，在"学"中获得"流程与设计"中所蕴含的技术思想和设计方法。

关于"流程与设计"的教学，首先应依据《课程标准》，从教学内容的广度上去把握。《课程标准》对于"流程与设计"教学的明确要求：了解流程含义及其对生产、生活的意义；通过对典型工作流程和生产工艺流程案例的分析，理解流程中的时序和环节的意义等。案例中的第一位教师所列举的四个案例全是生活流程，而没有生产流程方面的案例，虽然学生容易理解、教学过程易于实施，但教学内容没有广度，涉及面不大，不符合课程标准的要求，难以达到相应的教学目标。案例中的另一位教师在一节课中讲了三个复杂化学反应的流程，无疑增加了学生学习"流程与设计"的难度，特别是在化学方面基础一般的学生的学习积极性，会因为所选案例的难度大而受到挫伤。《课程标准》中明确指出："能分析流程设计中应考虑的基本因素，并画出流程设计的框图；能解释流程的改进与设备、材料等之间的关系，能概括某种简单生产流程优化过程中所应考虑的主要问题。"教学时要依据《课程标准》，正确把握教学的难度，使"学"的内容难度适中，具有通识性。

二、教学案例：流程的组成与描述（课堂实录）

教材版本：粤教粤科版普通高中通用技术教材《技术与设计2》（2019年版）

课型：新授课

课时：1课时

（本教学案例只记录了教师授课时的教学行为，相当于"无生授课"）

（一）明确主题

教师：上课。同学们好，请坐。上一节课我们学习了流程的含义及流程的分类。本节课我们继续学习流程的组成与描述。本节课的学习目标：了解流程的基本组成，理解流程的环节和时序的含义。

（二）走进情境

教师：孙宇同学最近很苦恼。父母出差，家里只有他自己，偏偏这个时候马桶水箱又坏了，不停地流水。想要修好，只能更换水箱里的洁具配件。可是当他把水箱盖打开的时候，却又发起了愁。怎么更换呀？现在，就请同学们帮孙宇解决这个难题。

（三）活动一：更换水箱洁具

教师：请同学们打开桌上的纸箱，取出水箱和新洁具，完成水箱洁具的更换。注意前提条件，水箱目前还在不停地流水。

活动要求：

（1）更换前先了解水箱洁具各零部件的功能，再讨论更换的方法。

教师：大家可能没有真正拆解过水箱，老师在这里简要地介绍一下水箱的结构。这个是用来控制放水的部件，这个是用来控制进水的部件。他们如何工作，需要大家在活动中亲自体验。

（2）更换完成后，写出更换的步骤，并解释每一个步骤具体完成的事项。

设计意图：通过更换水箱洁具，让学生在真实的情景中，体验流程。活动工具和材料：螺丝刀、活络扳手、手锯；自制水箱学具、洁具配件、生料带。

教师：现在活动开始。

教师：好，时间到。请问有哪个小组解决了水箱流水的问题？在更换零部件的时候，步骤有哪些？每一个步骤都具体完成了哪些事项？请到前面和同学们分享一下成功的经验。

教师：通过刚才这几位同学的分享，我们发现对于更换水箱洁具的这个工作，尽管大家都完成了拆、装和调试等步骤，但在具体实施的过程中，更换的零部件和先后顺序不完全一样。所以就出现了有的小组成功地解决了水箱不断流水的问题，有的小组还没有解决。我们如何确定哪个零部件必须换，又根据什么决定拆和装的先后顺序呢？

教师：通过前面的学习，我们知道流程指的是一系列连续有规律的活动，这些活动以确定的方式发生或执行，以实现特定的结果。无论是工作流程还是工艺流程，其目的都是实现特定的结果或做出某种产品，都反映了完成一项任务、一件事情以及生产、制造某种产品的全过程。

显然，我们更换水箱洁具这个过程也是一个流程。这个流程涉及了哪些具体的活动呢？

现在我们把刚才的更换过程做一个简单的整理分析。更换水箱洁具，解决水箱流水是我们要完成的工作目标。为了实现这个目标，必须要做的几个活动依次是：关闭水闸→拆洁具→装洁具→开启水闸等四个步骤，每个步骤都包含明确的具体工作内容。尽管开闭水闸不是更换的具体内容，但却是整个工作过程中不可缺少的两个步骤，我们也将其放到这个流程中来。在这里，我们把完成某个具体目标、组成某项生产或某个活动过程的若干阶段或小的过程称为环节。环节之间存在一种逻辑上的先后顺序，我们称之为"时序"。环节和时序共同组成了流程，两者缺一不可。现在请大家思考这样一个问题：我们为什么要对流程进行环节划分呢？不划分不行吗？

（四）活动二：制作技术成长记录袋

教师：各位同学以4人为一个小组，完成20个"技术成长记录袋"的制作。8分钟内，哪个小组完成数量多，产品质量好。

59

教师：使用美工刀等尖锐工具时，请务必注意安全操作。

教师：好啦，请问加工数量最多的这个小组，你们是如何做到如此高产的？

教师：同学们的回答非常好。原来，这个小组经过分析，发现：制作一个记录袋，需要完成折叠、胶粘、打铆钉、系绳等四个主要环节，正好对应着4个人，于是在人员分工上，一个人对应着一个环节，流水作业。而有的小组是把原料分成了4份，每人各自完成5个记录袋的制作。效率还可以，但是产品质量参差不齐，有残次品。

教师：现在我们看一看，工厂中批量生产档案袋是如何划分环节的。

教师：由此可以看出，对流程进行合理的环节划分可以是：

（1）提高工作效率，把不必要的工作环节从日常工作中剔除出去，减少不必要的动作，从而提高工作效率。

（2）降低成本，减少流程中不必要的人力物力消耗。

（3）控制风险，加强团队之间的协作性，避免流程的每个节点出现互相推诿等现象，降低风险。

教师：那么环节是依据什么进行划分的呢？

（五）马上行动

教师：用木材制作一个可插接式的双笔筒，其制作阶段及表面处理阶段的环节如表2-3所列，请对其进行合理排序，并将排列序号填入"时序"栏中。

表 2-3　双笔筒"制作""表面处理"阶段环节时序表

阶段	组成环节	时序
制作	①画线 ②钉接 ③锉削 ④锯割 ⑤下料	
表面处理	①砂纸打磨 ②锉削 ③喷涂油漆	

教师：刚才我们讨论的时序不论是否颠倒，他们都有一个共同的特点，流程执行起来都是单线的，我们这样的时序称之为是串行的，也就是环节都是严格按照一个时间线先后顺序进行的。

那有没有同时进行的环节呢？我们看这样一个案例。管接头零件（用于两个管道连接的）是由套筒和带孔的盘体两个部分组成的，加工时共有四个环节。如果我们采用串行时序，加工完成的整体时间是 1 小时 45 分钟。

可是如果在加工套筒的同时，加工盘体的话，两道工序同时进行，则加工完成的整体时间就缩短到 1 小时 15 分钟，这样就提高了生产效率。

一般来说，并行时序比串行时序在人员投入和作业成本上要多一些。时序采用并行还是串行，是生产实际和技术条件来决定的。生活中，有哪些时序是并行的呢？例如在煮饭的时候，可以同时炒菜。

（六）课堂小结

教师：好啦，刚才我们对流程的基本组成进行了分析。环节：完成某个具体目标、组成某项生产或某个活动过程的若干阶段或小的过程。时序：环节在时间上的先后顺序（内在的逻辑关系）。环节是根据问题的性质和实际需要划分的。时序是否可以颠倒，是根据事物本身内在的机理来决定的。时序并行还是串行，是根据生产实际和技术条件来决定的。

任何流程都包含具体的环节和时序关系。有了这个理论基础，接下来我们再分别对工作流程和工艺流程的组成进行分析，就容易得多了。

工作流程反映了完成一件事情、一项任务而进行的一系列有序的工作或活动的全过程。同样，它也是由环节和时序组成的。其中，环节是一系列必须的具体工作内容，时序是做这些具体工作时需要遵循的顺序。例如，哈尔滨市招生考试信息化管理平台，中考报名的时候，同学们一定都使用过。在平台的左侧，列出了报名的流程，在这个流程中，各个环节的具体工作内容是什么？这里的环节与时序有什么作用？（能够引导考生按照一定顺序完成中考报名这个工作）

我们再来看一个流程。

（七）立即行动

教师：冰墩墩，是 2022 年北京冬季奥运会的吉祥物。它将熊猫形象与冰晶外壳完美结合。头部彩色光环灵感源自北京国家速滑馆——"冰丝带"，线条流动象征着冰雪运动的赛道和 5G 高科技。头部外壳造型取自冰雪运动头盔。熊猫整体造型像航天员，是一位来自未来的冰雪运动专家，寓意现代科技和冰雪运动的结合。这样设计既能代表举办冬奥的中国，又能代表中国味道的冬奥。

冰墩墩主要有陶瓷版和毛绒版两个版本。大家一定都很想知道冰墩墩是怎么制造出来的吧？下面就请同学们和我一起走进冰墩墩的生产车间。

陶瓷冰墩墩：石膏模型→制坯（注浆成型）→陶坯打磨→烧制→上色→贴花→喷油定色→晾干→硅胶外壳

毛绒冰墩墩：开版→绣花→印花→裁剪→缝纫→组装→硅胶外壳

教师：对比这两个冰墩墩的生产工艺流程，我们发现：这两个流程在环节上差异非常大，这是为什么呢？

教师：对，他们的生产原料是不同的。不同的生产原料对应生产设备和技术处理也是不同的。所以，在工艺流程中，环节是具体的处理或加工内容和所需的技术或工艺要求，并对应着相应的设备、装置和过程。时序则是生产和制造过程的一个反映。

而在复杂的工艺流程中，各环节一般还可以包含其他子流程。例如两个版本的冰墩墩都有一个硅胶外壳的制作子流程。让我们再一起来看看硅胶外壳的生产工艺流程。

从这个流程中，我们看到：看似一个非常简单的硅胶外壳，其加工工艺是比较复杂的。如果用硅胶为原料制作其他产品，用同样的工艺流程是不是也可以呢？

从这个视频中，我们知道：在工艺流程中，同样的原料在不同的工艺和设备下生产，其环节的内容和数量可能也会随之变化。

教师：工艺流程中，流水线的生产方式在现代化工厂的生产中起着重要的作用。该生产方式按照一定的工序将一个产品的加工过程分割成若干个环节，工人间的分工更细致、明确，每个环节仅承担一个或几个工序的加工，减少了工人的数量，大大提高了生产效率和专业化程度。例如，汽车生产的流水线，不同岗位的工人只需负责完成某部分的工艺环节，提高了汽车生产的质量和产量。

（八）课堂练习

练习题略。

（九）课堂总结、作业

教师：通过本节课的学习之后，相信孙宇同学在同学们的帮助下也能在短时间解决他的困扰啦。因为科学合理的流程不但可以提高生产效率还能提升我们的生活质量。这就是流程的魅力。（完）

三、关于"流程与设计"主题的教学，应注意把握以下几个方面

（一）正确理解有关流程的概念和基础知识，领会流程对生产、生活的意义

从技术角度说，流程就是技术项目或技术工作实施的顺序，是关于行动顺序的知识。从《课程标准》和教材中的文本内容看，需要掌握的知识和概念并不多，但这些基本概念和基础知识是认识流程和应用流程知识分析、解决问题的基础。重要的是要让学生在正确掌握流程基本概念和知识的基础上，领会流程的意义，建构流程的技术思想。

1.流程的概念及其核心要素

（1）流程的概念

从技术角度理解，流程是根据事物发展的机理，在主观安排下形成的一系列有规律的事项或行为进行的顺序。

（2）流程的组成要素

环节：指为完成某个具体目标，组成某项生产或某个活动过程的若干阶段或小过程。环节和流程的含义是相对的，环节可以是由更小的环节组成的小流程，小流程也可以在一定条件下成为更大流程的环节。

时序：指事物在时间维度上产生、发展、结束的顺序。根据事物发展的机理不同，有的时序能颠倒，有的时序不能颠倒。

（3）流程的类型

流程分为工作流程和生产流程。其中，工作流程是指工作事项的活动流向顺序；生产流程又叫工艺流程或加工流程，是指在生产工艺中，从原料投入成品产出，通过一定的设备按顺序连续进行加工的过程。

2.流程对生产、生活的意义

科学合理的流程对生产、生活的意义主要体现为：能提高效率、降低成本、节约能耗、保障安全、减少污染等。

3.正确理解流程优化的含义和类型

流程优化既是本主题的重要内容，也是难点内容。关于该部分内容应该从以下几个方面来理解和把握。

（1）流程优化的含义

任何流程都不是一成不变的，可以根据一定要求和目的对现有的流程进行改进或改变，这种对流程的改进或改变就是流程优化。

（2）流程优化的类型

流程优化的类型是指流程需要改进的指标或目的的种类，主要有成本、工期、工艺、质量、技术等优化类型。

（3）对流程优化的理解

一是不同优化类型之间不是孤立的，而是相互关联和相互影响的。比如，一味强调降低成本或缩短工期必然会影响质量；如果改善工艺或采用先进技术，也会提高产品质量和生产效率。二是优化类型是流程设计者的主观目的，不是判断流程优化类型的理论工具。流程优化，是流程设计者为了着重改善某一（或某些）指标，而对流程进行的新规划，以期达到预想目的。这种新规划在达到预想目的的同时，也可能带来其他指标的变化。因此，优化类型只是流程设计者的主观目的，不能作为定义去判断某流程优化究竟属于什么类型。如批量裁剪布料，可以设计两种裁剪流程：第一种是用普通剪刀逐层裁剪；第二种是将布匹叠放在一起，用电动剪刀一次性裁剪。显然，从第一种流程到第二种流程，流程实现了优化。流程设计者优化的主观目的可能是提高效率，也可能是降低工期或改善生产工艺等。三是应注意流程优化是需要条件的。任何流程优化都是需要在一定条件才能实现的，如上述的布料裁剪流程必须在一定设备和人员操作技术等条件下才能实现流程优化的目的。这一技术思想在教学中，往往被忽视或模糊理解。

（二）正确把握流程主题的教学策略

1. 创设流程问题情境

教师可以利用多种教学手段创设流程问题情境，如可以通过多媒体展示、教师演示、学生活动等教学手段和方法，在营造的问题情境中突出流程因素，引发学生思考。该教学策略适应于"流程与设计"主题的各节内容。

以"流程的设计"为例，教师可以通过学校运动会秩序册的编制问题，创设或提出流程设计情境，引发学生分析在思考流程设计时应考虑哪些主要因素，总结流程设计的方法和步骤。

2. 选择能激发学生兴趣和思考的案例

案例分析教学同样也是本主题教学的常用策略，典型案例尤其适用于领悟流程意义的教学内容。

以"嫦娥一号"探月卫星发射过程为例，这一案例就蕴含了典型的流程因素。视频呈现的震撼场景，在激发学生兴趣的同时，也会引发学生思考科学合理的流程安排对成功发射的意义。

3. 恰当使用和处理教材案例

教材提供的案例一般情况下比较典型和适用，但教师使用教材案例时，也需要进一步分析和思考教材中的案例是否符合学情，对于不适合学情的案例需要根据情况进行更换。以苏教版教材为例，为了说明流程与生产的关系和意义，教材提供了"轴承零件的淬火工艺流程"案例分析，由于这个案例涉及学生不熟悉的金属热处理知识，教学时老师可以根据具体情况有选择地使用。

4.有效实施技术实践

在设计本主题的技术实践项目时，对载体的选择要突出流程问题，把教学的关注点尽可能地集中指向流程因素，简化或淡化非流程问题的思考和操作。比如，借助简单产品的小制作（淡化产品本身的复杂程度），通过有目的的小组编排让学生体验串行与并行工序对工期和效率的影响；也可以通过适当工具的准备，体验工艺优化与工期和效率优化的关系，并进一步领会流程优化的条件。这样，就可以通过合适的流程实践教学设计和准备，帮助学生实现有效建构流程思想的目的。

第六节　通过"学中做"领会系统设计的思想方法

技术产品的设计离不开系统的思想方法。"系统与设计"这一主题的教学，应注意从典型系统的案例和活动入手，引导学生认识系统的整体性、相关性、目的性、动态性和环境适应性等系统的主要特性，逐步学会运用系统的思想和定性定量相结合的方法分析处理问题，让学生在"学中做"活动中建构系统的基本思想与方法。

一、现象案例：偏离目标的"系统与设计"主题教学

在"系统与设计"主题教学中，教师常常因为未对内容做深入研究而只能在教学过程中照本宣科，或偏离课程要求大谈系统科学或系统论。如有的教师在讲"系统的优化"时，花大量的时间讲解利润问题——如何确定决策变量、列出约束条件、建立目标函数求解不等式，最后计算最大利润；有的教师认为教材内容比较简单，学生没有兴趣，于是在课上把系统的含义引申为系统科学，详细讲解系统科学的来源、系统科学发展的三个阶段，以及从古代人类对系统的认识到现代人们在哲学、科学、军事、工程、天文历法等领域中所进行的系统实践和系统的思想……教学严重偏离课程目标。

由于"系统与设计"内容比较抽象，教学难度大，所以案例中的问题，一是由于教师对系统的基本特性理解不深入。整体性、相关性、目的性、动态性、环境适应性等系统的主要特性构成了系统的基本思想，系统分析的方法就是运用系统的思想和定性定量相结合的方法分析处理问题。教学中如果老师对这些基本特性理解不透，必然造成教学上的失误。二是由于教师对"系统的优化"的概念、意义和要求理解不清。《课程标准》的相关内容标准明确指出，要"理解系统优化的意义，能结合实例分析影响系统优化的因素"。利用最优化方法解决问题一般可分为以下几个步骤：①提出需要进行最优化的问题，收集有关资料和数据；②建立求解最优化问题的有关数学模型，确定变量，列出有关约束条件，分

析模型；③选择合适的方法；④求解方程；⑤进行最优解的验证和实施。在内容标准中，对步骤②和④不做过高要求，可见花大量时间讲解利润问题显然是不合适的。同时，由于老师对系统优化的内涵理解不清晰，在教学中这一重要技术思想也就得不到有效落实。

此外，案例还反映出教学策略方面存在问题。教学中，仅从概念来理解系统的特性是比较抽象的，要引导学生从典型系统的案例和活动入手，把握系统的特性，最好让学生在"学中做"活动中总结出这些特性。在系统分析的过程中，每个环节不一定一次完成，往往需要与他人讨论、交流，反复多次；对系统分析中的建模问题不做过多要求，但要学会写简单的系统分析报告，能对系统的分析过程、依据、结论和行动进行简要说明。

系统看似抽象，其实是很具体的。学生对系统的理解，可以从系统的实例开始。例如，一台冰箱可以看作一个系统，学校可以看作一个系统，一台电脑也可以看作一个系统，等等。《课程标准》中关于"系统与设计"主题内容标准的第一条明确指出，要"从应用的角度理解系统的含义"。可想而知，把对系统的含义引申为系统科学来教学，已超出《课程标准》的范围，学生肯定难以接受，其课堂效果一定不会好。学生在"学中做"活动中，不仅要学到知识，更要运用所学的知识解决相应的问题，学习的过程有明确的行动目标和行动结果，是知与行的结合。教师要选择具有一定广度的、涵盖绝大部分"系统与设计"思想的载体，借助"学中做"任务单，让学生在"做"中讨论交流，实现理论与实际相结合。

二、教学案例：系统的认识与分析（课堂实录）

教材版本：粤教粤科版普通高中通用技术教材《技术与设计2》（2019年版）

课型：新授课

课时：1课时

（本教学案例只记录了教师授课时的教学行为，相当于"无生授课"）

（一）明确主题

教师：上课。同学们好，请坐。从本节开始，我们开始研究技术设计中一个非常重要的理论内容——系统及其设计。今天我们先了解，什么是系统？

教师：本节课的学习目标：

（1）从技术应用的角度理解系统的含义和基本构成；

（2）通过对简单技术系统的分析，理解系统主要特性。

（二）走进情境

教师：孙宇同学最近很苦恼。父母出差，家里只有他自己，偏偏这个时候马桶水箱又坏了，不停地流水。到底是什么原因呢？孙宇决定把水箱打开，一探究竟……

（三）活动一：分析水箱结构

教师：请同学们打开桌上的纸箱，取出水箱学具，对其进行拆解。拆解到你认为能够了解到该部件的主要功能是如何实现的即可。同时，探究各部件的功能及配合关系。现在请各位同学讨论：

（1）水箱由哪些主要部件构成？每个部件包含哪些零件？

（2）各主要部件之间通过怎样的配合关系，共同完成水箱的整体功能？

教师：讨论开始。

教师：好，时间到。这位同学，请你回答第一个问题。

教师：其他同学还有什么补充吗？

教师：现在老师把大家的答案归纳一下：水箱由箱体、进水管、排水管三个主要部件构成。箱体又包括水箱和箱盖；进水管包括进水阀、浮桶、连杆；排水管包括底座、上管体，等等。

教师：第二个问题，部件之间的配合关系是进水管、排水管都安装在箱体上，当按下按钮时，排水管工作，放水，水箱的水位下降，浮筒下降带动连杆提升，连杆下端的进水阀打开，进水管进水，浮筒上升，又带动连杆下降，进水阀关闭。这样水箱就完成了一次放水补水的过程。

教师：上面两个问题明确之后，请同学们分析如果水箱出现下列情况时，可能导致的后果。

（1）进水管调节杆螺纹损坏。（螺纹损坏，浮筒就不能带动调节连杆，进水阀门就不会进行开启或关闭的工作，后果是进水管一直在进水，或者一直不进水）

（2）排水管垫片损坏。（垫片损坏就会造成封闭不严，

后果是排水管一直在排水）

教师：现在，我们把刚才的问题整理成一个关系图。我们就会发现：水箱由箱体、进水管、排水管等若干部件组成。这些部件相互联系、相互作用，共同实现了水箱蓄水、放水的功能。其中任何一个部件出现问题，都有可能导致水箱无法正常工作。我们把这种由两个或者两个以上相互联系、相互作用的部分（要素）所组成的，具有一定结构和功能的有机整体称之为系统。

教师：从定义中，我们看到要想构成系统，是有条件的。第一，由两个或两个以上的部分（要素）组成；第二，部分（要素）之间互相联系、互相作用，按照一定的结构形式组成一个整体；第三，整体具有局部所没有的特定功能。例如在水箱这个案例中，单独的排水管或者进水管都不具备水箱整体的特定功能。

教师：我们再看水箱这个系统。箱体、进水管、排水管是水箱的主要组成部分，这些组成部分也是由两个或两个以上具体的零部件组成的，所以这些组成部分本身也构成了一个系统。我们把这种组成大系统的较小系统，称之为子系统。子系统除了各具功能之外，它们之间还相互依赖和相互作用，共同实现上一级系统的整体功能。

教师：一般来说，系统分解到最后层次或基本单元不能再分的时候，我们把它称之为元素。元素和子系统都是系统的组成部分，简称组分。

教师：我们如何区分元素和子系统呢？元素相对于给定

的系统是不能也无需再细分的最小组分，元素不具有系统性。而子系统具有可分性、系统性。例如，水箱陶瓷盖，它是构成水箱盖的一个元素，而不是子系统，已经不具备系统性了。

（四）马上行动

教师：请阅读教材第88页"现代自行车"结构图，将自行车的组成要素、子系统功能填写在表2-4中。

表2-4　自行车的子系统组成与功能

子系统	功能	组成要素
导向系统		车把、前叉、前轴、前轮等
刹车系统		
传动系统		
变速系统		

教师：现在，我们已经了解了系统、子系统、元素的含义。在我们的日常生活、生产实践和社会活动中，我们经常会接触和应用到各种各样的系统。

教师：请阅读教材第84-85页，同学们能得出什么结论？

教师：对，系统无处不在，无时不有。在自然界和人类社会中，任何事物都处在一定的系统之中。

这说明：第一，系统是普遍存在的。我们所处的正是由各种系统构成的客观世界；第二，系统技术具有广泛的应用价值和迁移价值，我们可以把每个要研究的问题当作一个系统来研究。

教师：为了便于对系统的功能和性质进行研究，人们根据不同的标准，从不同的角度对系统进行了分类。

按元素的性质，可以分为自然系统、人工系统、复合系统。（每个系统类别各举一个例子）

按元素存在的形态，可以分为实体系统、概念系统。（每个系统类别各举一个例子）

概念系统，又叫软科学系统，近年来日益受到重视。在实际中，实体系统和概念系统在许多情况下是结合在一起的，实体系统是概念系统的物质基础，而概念系统往往是实体系统的神经中枢，指导着实体系统的行动。例如手机的安卓操作系统，它就是手机的神经中枢，没有这个概念系统，手机的实体系统将毫无用处。

按运动状态，可以分为动态系统和静态系统。（每个系统类别各举一个例子）

两者的主要区别是：系统的结构或状态是否会随着时间而发生改变。

事物总是运动变化的，系统的状态也随时间的改变而不断变化，绝对的静态系统是不存在的。例如，一年中森林生态系统的状态随着季节的改变而变化，一天中交通系统的状态随着出行人数的变化不断发生变化等。我们常说的静态系统，通常是指在一定条件下，一定时期内维持静态。例如，一所学校某年毕业的学生人数和新入学的学生人数相同，则学校总的学生人数保持动态平衡。这种维持动态平衡的系统宏观上表现为稳定状态。

按系统与外部环境的关系，可以分为开放系统和封闭系统。（每个系统类别各举一个例子）

两者的主要区别是指系统是否与外界环境之间存在物质、能量或信息的交换。通常情况下，我们把在一定时间内不依赖外界环境，仅依靠内部各个子系统之间的均衡，维持自身稳定运行的系统称为封闭系统，如已装入电池的时钟、按照预先设定好的程序自动运行的机械等。

封闭系统和静态系统都是相对而言的，实质上，客观世界中并不存在绝对的封闭系统，也不存在绝对的稳定、静止不动的系统。（每个系统类别各举一个例子）

教师：面对如此繁多复杂的各种系统，我们如何来认识它、分析它，这就需要我们了解系统的特性，从而掌握系统的思想和方法。水箱是一个系统，水箱流水的这个问题，我们还没有帮助孙宇解决，现在我们就再把水箱洁具给安装上，同时查找原因，解决流水问题。

（五）活动二：安装水箱配件

安装水箱配件，解决水箱流水问题，并调节水箱水量至合理大小。安装调试过程中，可以随时进行上水测试。

教师：这里，老师给同学们一个活动小提示。在进水管和排水管当中，都有个小结构用来调节蓄水量和放水量。

教师：好啦，通过刚才的活动，同学们已经找到了水箱流水的原因，并成功将问题解决。现在，请大家思考、分析：从应用的角度看，系统的主要特性有哪些？你的依据是什么？

教师：通过刚才的安装调试，我们发现：

（1）水箱的各个部件按照一定的结构形式组成水箱整体，在整体中互相配合，才能实现水箱蓄水、放水的功能。这说明系统具有整体性。

系统整体性的含义：系统的组成部分（要素）是构成系统整体的前提和基础，要在整体中才能发挥其各自的作用，但系统不是各个组成部分（要素）的简单相加。系统整体功能不等于其组成部分功能之和。

（2）水箱设计目的就是要制作一个能够具有蓄水、放水功能的装置。所以说系统具有功能性。

系统都是以实现某种功能为目的的，这正是区别不同系统的标志。系统的目的一般通过更具体的目标来体现，系统的多个目标有时不完全一致甚至互相矛盾，这就需要协调，寻求平衡或折中的办法，从而达到整体最佳的效果。

例如：这款洁具为了达到美观和实用两个目标，将外置水箱设计成了内置水箱，从而达到了整体最佳的效果。

（3）水箱中任何一个零部件损坏，都会影响水箱整体的使用功能。系统内各部分（要素）之间、部分（要素）与系统整体之间存在着相互依赖和相互制约的特定关系，某一个部分（要素）的变化，会引起其他部分（要素）和系统整体的变化。系统具有相关性。

（4）在进水管一端，有个密封泄压孔，还有的进水管设计了防虹吸密封组件。

这是因为：如果进水管阀门损坏，停水时会形成负压，水箱的水会倒流至自来水管中。水箱的构件必须能适应水压变化而不至于造成一定后果。所以说系统具有环境适应性。

任何系统都存在于一定的环境之中，必然要与外界进行物质、能量和信息的交换，外界环境的变化会相应地引起系统功能和系统内部各部分（要素）的变化。系统具有适应环境的变化、保持原有功能的特性。

（六）课堂练习

练习题略。

（七）课堂总结

通过本节课的学习，相信孙宇同学家里水箱漏水的难题可以解决了。课后作业：如果将水箱的放水方式由手动改装成自动控制方式，需要对原系统做哪些改动？（完）

三、关于"系统与设计"主题的教学，教师应注意把握好以下几个方面

（一）正确理解系统基本概念和基础知识，领会系统思想对分析问题和处理问题的重要性

本主题教学的核心目标是在理解和掌握系统基本概念的基础上，建构系统思想，正确运用系统思想和观点分析、处理问题。在《课程标准》要求的基础上，教材阐述了有关系统的基础知识，这些知识构成了系统思想的主要内容。

1. 系统的含义

系统是由相互联系、相互作用、相互依赖和相互制约的若干要素或部分组成的具有特定功能的有机整体。在这里要

正确理解"部分"和"要素"的区别：部分是基于系统的整体组成形式而言的，即系统的一个组成部分，通常具有具象性特征；要素则是基于组成系统的内涵因素而言的，通常具有抽象性特征。比如台灯系统，从部分角度理解，通常由灯罩、灯泡、支架、底座、开关等部分组成，从要素角度理解，通常由照明、控制、稳定性、强度等因素组成。

2. 系统的基本特性

系统的基本特性有整体性、相关性、目的性、动态性、环境适应性。它们构成了系统分析思想的核心内容，也是本主题的重点内容之一。

（1）理解基本特性的内涵

整体性是系统的最基本特性，是指看待问题都应从全局角度考虑；相关性是指看待问题都应从联系角度考虑；目的性是指从系统的工具性或功能角度考虑的特性；动态性是指从系统的发展变化角度考虑的，一切系统都是无时无刻不在发展变化的，没有绝对不变的系统；环境适应性指的是系统要同所处的环境相适应，系统才能健康地运行。

（2）系统基本特性的解析

①整体性与相关性：相关性是构成整体性的基础和前提，即因相关而成整体。整体性强调的是系统对外的整体效应，相关性强调的是系统内部各部分或要素之间的相互关联和影响及各部分或要素对整体功能的影响。

②动态性与环境适应性：动态性不是指物理意义上的物体机械运动，而是指系统中的部分（要素）之间、部分（要

素）与整体（系统）之间不断变化的性质。从时间维度看，任何系统都处在不断变化之中，找不到一成不变的事物。环境适应性是指系统的存在是与具体环境相关联的，在考虑问题时，应将系统置于一定环境中，具体问题具体分析。动态性与环境适应性的关系可以这样理解：系统是变化的，但变化要适应环境的要求，否则就难以保持系统的功能。以地球卫星绕轨飞行过程为例，地球卫星在绕轨飞行过程中，在不同的空间轨道位置，卫星的太阳能帆板的姿态是变化的，这体现了系统的动态性特征。与此同时，帆板姿态的改变是为了使卫星系统在不同的空间位置环境下，能始终以最大的帆板面积朝向太阳，高效获取太阳能，从而保障系统功能稳定，这体现了系统的环境适应性特征。

（3）系统分析

①系统分析的概念：简单地说，系统分析是指为更好地实现系统功能和目标，运用系统的思想和科学的方法，对要解决的问题进行有效分析和思考的过程。系统分析的核心原则是，从整体角度、科学角度、综合角度看问题。

②系统分析与系统设计：系统分析指的是分析问题的一种思想方法，不是系统的设计过程；但系统的设计需要在系统分析的基础上完成，或者说系统分析是系统设计的主要策略。

（4）系统优化

系统优化也是系统思想的重要内容，同时也是教师理解困难的内容之一。教学中，可以从以下几个方面进行把握。

①系统优化的含义：系统优化是指在给定条件下，为使所研究的系统达到最佳运行状态或目标值所采用的分析、处理问题的思想方法或手段。

②系统优化要考虑的主要问题：

系统优化的要素：期望目标——系统优化希望得到的最优效果；约束条件——影响系统目标，且不能人为调节的因素；影响因素——影响系统目标，但能人为调节的因素；目标函数——在约束条件下，期望目标与影响因素之间建立的关系。

系统优化的方法：定量分析，即通过建立数学模型，获得"精确解"；定性分析，即通过估算、试验，获得最优"近似解"。

③优化与改进的区别：虽然优化与改进都具有比原来进步的意思，但两个概念又有一定的区别，不能简单地把系统优化与系统改进混为一谈。改进更多地体现为新功能的出现或增加，而优化则主要体现为如何让已有的功能或效能更优、更强。在系统优化的方法上，往往需要具有数学的思想，通过建立数学模型或通过科学估算、试验等寻找最优解或满意解，达到系统优化的目的。

（5）关于"系统设计"含义的理解

系统设计即指运用系统的思想和方法进行设计。任何产品的设计都是系统设计——小到板凳大到航天飞机，只是系统的复杂程度不同而已。一般情况下，越是复杂的产品或问题，就越需要从系统的角度进行分析和设计。

（二）正确把握系统主题的教学策略

1. 在活动中领会抽象概念

本主题涉及的知识和概念主要指向思想和理念，相对比较抽象。在教学中，如果仅采用单一的传统讲授式教学，既枯燥无味，又很难把核心思想和理念阐述清楚。那么，老师可以根据对知识或概念的正确理解，精心设计活动，将抽象的知识概念纳入活动中，在活动中感受和领会知识和思想。如针对系统的整体性，可以设计如下活动案例：通过设计单人用一双筷子夹玻璃球与两人各持一支筷子合作夹同一玻璃球的对比活动，在感受的基础上领会系统的整体性（其他特性也可以借助活动或案例分析实现教学目的），前一个活动方式比较容易夹起玻璃球，后一个活动方式就很难夹起玻璃球。从系统角度分析，主要原因是：前者两支筷子形成了有机整体，而后者两支筷子没有或很难形成有机整体，影响了系统功能的实现。

2. 正确把握系统设计与产品设计的关系

产品设计就是系统设计，系统设计即产品的系统设计。在教学过程中，要注意区别"系统设计"与"设计的一般过程"中产品设计的侧重点不同。系统设计强调的是产品设计的系统思想理念，设计一般过程中的产品设计强调的是设计的主要过程，两者的教学目标指向不同，教学中不要简单重复产品设计的一般过程。

3. 恰当选择技术实践载体

在本主题教学中，选择合适的技术实践载体对有效实现教学目标具有至关重要的作用。教学中常常由于选择的载体或案例大而空，造成教学内容说不清、讲不透、探不明，学生似懂非懂、没有兴趣，探究成了有其名无其实，教学流于形式，教学目标难以实现。合适的载体既有利于理论分析，又有利于技术探究和技术实践的实现。关于本主题技术实践载体的选择，可以从以下原则考虑：体现技术探究和技术设计思想；载体系统具有适当的复杂度，能激发学生探索和实践的兴趣；载体加工制作相对容易；有相对丰富的系统探究因素。

如"系统优化"是一个比较难以有效处理的教学内容，在分析、反思以往教学的基础上，通过仔细揣摩《课程标准》和教材内容，以水火箭系统优化为主线案例和载体，拟定用两课时分别从侧重认知到侧重实践两方面组织实施教学。选择水火箭作为教学载体，主要考虑它具有突出的系统特征及一定的优化空间，能较好地反映本课题教学内容和要求，比较符合以上原则，尤为突出的是，水火箭蕴含的系统教学要素较多：总系统与子系统（箭体系统、动力系统、发射系统）、系统与部分（如箭体系统的箭头、箭身、尾翼等）、系统分析原则（整体性原则、科学性原则、综合性原则）、系统优化及其方法（如最佳装水量的确定）等。

同时，水火箭的工作原理贴近学生的已有知识背景，制作比较容易。教学时，可以简化操作、突出优化思想，在技术试验中以水火箭装水量为影响因素（气体压力和其他条件不变），以发射高度为优化目标，通过试验比较，寻找最佳装水量，获取优化信息。教学实践表明，通过"学中做"，学生真正领会了系统优化的含义和意义，加深了系统优化思想的建构和内化，取得了预期教学效果。

第七节　通过"学中做"领会控制设计的思想方法

生活中存在大量有关"控制"的案例，"控制"是技术设计中的重要思想与方法。"控制与设计"主题教学中，应借助于典型的案例分析，引导学生认识简单的开环、闭环控制系统，认识反馈、功能模拟方法、黑箱方法等与控制相关的思想方法。

一、现象案例：表面化的"控制与设计"主题教学

部分通用技术教师在"控制与设计"主题的教学过程中，往往由于没有恰当地选择案例或所选择的教学载体、教学内容涉及过多的专业知识理论，教学过程缺乏技术实践，导致学生仿佛雾里看花，不能对控制、开环控制、闭环控制、反馈等基本概念和技术思想形成有效理解和建构，"控制与设计"主题的教学目标不能有效达成。

因此，教师需要在研读《课程标准》的基础上仔细分析、研究教材的设计意图，这样才能为有效教学奠定基础。因为大部分通用技术教师是从其他学科转岗过来的，他们之前或是信息技术教师，或是物理、化学教师，多数是师范院校毕

业的，对"控制"相关知识掌握得不多。加之这部分内容又比较抽象，教学难度较大，教师在实际教学过程中，往往只能"照本宣科"地组织教学，难以恰当地选择载体进行"学中做"活动。

"开环与闭环的区别"作为本主题的教学难点如何有效突破，不仅与教师的教学策略有关系，还与老师对开环与闭环基本知识的理解和掌握程度有关。部分老师认为，判断控制系统的"开环与闭环"的区别，主要看控制系统是否存在"检测装置或环节"，而这样的判断往往具有很大的不确定性。闭环控制一定具有检测装置或环节，而有检测装置或环节的未必一定是闭环控制，还要看检测装置是否为输出量，且输出量有没有与设定量进行比较，从而使控制系统的输出量做出相应调整。

此外，部分教师对"控制与设计"主题的内容把握不够到位，这与老师没有深入研究《课程标准》有关。通用技术课程开设的目的是提高学生的技术素养，而控制单元中的反馈、功能模拟方法、黑箱方法正是学生所需要的。这些思想和方法不仅是解决技术问题的钥匙，而且可以向其他学科领域迁移，对人的一生都会产生积极的影响。"控制系统的设计与实施"是整个单元教学内容的综合和总结，也是控制思想方法的集中体现。这一节内容的教学不仅需要对开环控制系统和闭环控制系统的工作过程和工作原理有较好的了解，还需要熟悉控制系统的组成和各环节的作用，具有总结、巩固和提升的作用。

二、教学案例：了解控制（说课）

（一）教学依据

1. 本单元在教材知识体系中的地位

《控制与设计》是通用技术粤科版《技术与设计2》第四章的内容，是通用技术必修课程的终结单元。本单元主要内容为：从系统的角度理解控制系统的组成及工作过程；能结合前面所学知识，初步掌握简单的控制设计的基本思想和方法；立足于学生的终身发展，使其能够将它们迁移到日常生活中灵活运用，能够对典型技术问题提出具体解决策略。

本单元知识虽然相对独立，但并不完全孤立。在学习过程中，需要学生对前面所学知识进行综合运用。所以，本单元教学内容有助于帮助学生全面理解一个关系——技术设计思想和方法的综合运用与设计实现之间的关系；树立一个认识——技术与设计的精彩华章并没有结束，而是才刚刚开始。

2. 本节课在本单元知识体系中的地位

"了解控制"是学习"控制与设计"的导入和基础章节。本节内容是要让学生通过身边的例子，对控制有一个初步了解，对控制的一般分类有一个基本的认识，知道控制技术应用的广泛性，感受控制技术与生活、生产的密切关系，对控制技术产生兴趣，并为后面的学习打下坚实基础。

3. 本节课在《课程标准》中规定的知识点

理解控制的含义以及其在日常生活和工作中的运用；通过分析具体的实例，理解手动和自动控制的区别，并掌握简单的开环和闭环控制系统的构成及其工作过程。

4. 课时安排

"了解控制"共安排 2 课时。第 1 课时，侧重理论基础；第 2 课时，侧重实践强化。本节课的内容是第 1 课时：理解控制的含义及其在生产和生活中的应用；能够对典型案例进行分析，了解简单的开环控制系统和闭环控制系统，能对其进行辨别，在实际应用时能选择出合适的控制方式。

5. 学生已有的知识基础、能力水平和思想状况

知识基础方面：通过前面的学习，学生已经初步掌握了设计的基本思想和方法，具备一定的理论基础，知道控制在生活中有着广泛的应用，但对控制的概念却是陌生的，对控制系统的理解是模糊的。

能力水平方面：学生已经经历了一系列技术设计活动，熟悉了设计的一般过程，无论是设计思维能力，还是设计实践能力都得到了一定程度的锻炼，具备一定的设计素养与实践能力。

思想状况方面：绝大部分学生对通用技术课有着强烈的兴趣和学习动力，对控制与设计的学习充满了期待。

6. 教学目标及确立依据

根据《课程标准》、教材内容、学生情况及以上分析，确立本课时的教学目标。

（1）知识目标：理解控制的含义及其在生产和生活中的应用；了解简单的开环控制系统和闭环控制系统。

（2）能力目标：能够对身边的典型控制技术进行简单的

分析，并能确定其分类；能够综合运用所学知识和所具备的技能，并能将这种思想和方法迁移到日常生活中，分析和解决一些实际问题，提升理论运用于实践的能力。

（3）过程与方法：通过实践活动，渗透控制的思想和方法，使学生在探索、思考中形成正确的概念。

（4）情感、态度与价值观目标：领略控制系统的奇妙，对控制技术产生强烈的兴趣和好奇心，并把它转化为对后续知识学习的动力；形成认真严谨的学习研究态度，培养质疑精神、创新精神和实践能力，提高分析问题、解决问题的能力。

7.教学重点、难点及确立依据

（1）教学重点：理解控制的含义；了解并学会辨别简单的开环控制系统和闭环控制系统，在实际应用时能选择出合适的控制方式。

（2）教学难点：开环控制与闭环控制的辨别，二者在实际应用时应如何选择。

（3）确立依据：作为本节课的第一课时，学生对于控制含义在技术范畴内的理解是否正确，直接关系着后面的学习能否深入。控制的含义，在字面上理解起来非常简单，但在实际的控制系统应用中却很复杂。突破此重点，将有助于学生深化对开环控制和闭环控制的认识与理解。而对开环控制与闭环控制的认知与理解程度，是继续学习与研究后续课程的关键。

开环控制和闭环控制在实际应用中有着各自的优势与劣

势，能否根据实际情况选择合适的控制方式对于学生来说比较困难。学生容易在这个问题上犯一个错误：即闭环控制比开环控制更优越。因此，对开环控制与闭环控制系统的辨别，以及二者在实际应用中应如何选择是本课时的教学难点。

（二）教法、学法及确立依据

1. 本节课教学设计思路

活动导学→体验导思→问题导议→理论生成→生活导用

整个教学设计，力图体现"学"和"用"的有机结合，即：在探索中发现真理，在实践中检验真理。根据上述教学思路，确定以下教法、学法。

教法：探究教学法、问题教学法、案例分析法、实验分析法。

学法：任务式学习法、探究式学习法、体验式学习法、小组合作学习法。

2. 确立依据

遵循从具体到抽象再到具体的思维规律，引导学生进行"问题式学习""探究式学习"。通过尝试→发现，探索→研究的过程来掌握本节课的知识，培养学生分析与综合相结合的思维方法；在教师的引导下，把生活中的经验逐步与控制系统联系起来，通过动手实践、改造，亲身体验控制方式的具体实施，掌握知识，提升能力，并体验成功的乐趣！

（三）教学过程及设计意图

教学过程力图呈现以下三个方面的特点：

首先是愉快的。在整个教学过程中，力图让学生学习的状态是在努力而愉快的过程中完成预设的教学目标。

其次是参与的。这种参与，不仅仅是学生的行动参与，更重要的是学生的思维参与，要让学生的思维积极参与到整个教学活动过程中。

最后是实践的。实践性是通用技术课程的一个重要特点，教学中力图让学生在学习过程中通过亲身实践，学习知识、理解知识、掌握知识、运用知识，在能力获得提升的同时获得成功的喜悦。

具体教学过程设计为三个部分，这三个部分都统一于"汽车总动员，谁是 No.1"这个主题上。

1. 了解控制

在这一部分当中，笔者首先设计了一个题目为"汽车总动员，谁是 No.1"的三个回合的四驱车师生挑战赛。比赛之前，发给每组学生的试验材料为半成品四驱车及传动齿轮组件，要求学生在最短的时间内将四驱车组装好。最先组装成功的小组，将与老师事先组装好的号称"史上最牛"的四驱车，进行第一个回合的师生速度挑战赛。比赛规则：同时出发，先到终点者胜。比赛结果：学生胜。

设计意图：创设情境，激发学生兴趣。让学生在组装的过程中，了解四驱车的基本结构，特别是速度控制结构的组成。

第二回合的比赛为师生牵引力挑战赛。比赛规则：牵引一定质量的物体，先到终点者胜。比赛结果：教师胜。

设计意图：让学生在失败的体验中，提出问题，引发思考，培养学生质疑精神。

这两轮比赛，看似简单，实际上是"暗藏玄机"的。教师必须控制比赛的结果能够按照预先设想的那样出现，即第一轮比赛：学生胜。目的是让学生有激情，有兴趣；第二轮比赛：教师胜。目的是让学生遭遇点小挫折，受一点小打击，思考产生这种结果的原因，引发质疑。两轮比赛结果的控制方式和手段：发给学生的传动齿轮为高速组件，教师采用的传动齿轮是中速组件。以上教学过程为活动导学和体验导思相结合。

在第二回合比赛之后，笔者设置了本课的第一组问题：为什么会出现这样的比赛结果？在不更换四驱车马达的情况下，如何提高四驱车的牵引力？问题指向性很明确，学生通过讨论，根据物理公式 $P=FV$，能够得出正确结论，即降低车速。这个时候，笔者再发给每个小组低速齿轮组件，让学生对小车进行改装及测试。

设计意图：在改装与测试的过程中，学生会体验到：要想对四驱车的速度进行控制，应该采用什么样的手段和方法。这样，在不知不觉中，学生就完成了对四驱车速度控制系统所进行的干预。

第三回合比赛也是师生牵引力挑战赛。比赛结果：学生胜。

设计意图：验证分析结果是否正确，解决方案是否可行，同时，使学生获得鼓励。

综合三个回合的比赛结果，笔者设置了本课的第二组问题：为什么改？（目的：降低速度，提高牵引力）怎么改？（手段和方法：更换低速齿轮组）改装后原系统的功能有没有变化？（有变化，车速降低了，牵引力提高了，改装后的系统能够按照自己的意愿发展了）这组问题解决之后，控制的概念生成也就水到渠成了。这是学生从自己亲身实践过程中创生新知识的过程，对概念的理解会非常透彻，同时还会产生一种成就感。

有了上面的基础，再分析"变速控制器"的变速工作原理就变得容易多了。学生在分析时，不但能知其然，还能知其所以然。本次理论在实际生活中的具体应用，使学生对控制思想及实现方法的认识得到深化与提升。

要想知道课怎样，及时反馈不能忘。此时，笔者放开手脚，让学生列举生产生活中的例子，并阐述其控制过程，以检验教学目标是否达成，强化学生对控制含义的理解。

2. 过渡阶段

接下来，笔者引导学生阅读教材 109 页例 1 和 110 页例 4。同时提出问题，让学生思考（不回答）：两个案例中控制系统的控制过程是怎样的？

设计意图：这一环节主要是引导学生思考、分析教材案例，深化对控制含义的理解，并对开环控制和闭环控制这两种不同的控制方式所带来的效果形成初步印象，有一个感性认识。不要求回答，是要埋下伏笔，为下一环节的学习做好准备。

3. 开环控制和闭环控制

对于上面的这个问题，笔者没有立即让学生回答，也没有立即给出答案，而是演示了趣味性极强一个实验："汽车总动员，谁是 No.1"之"定位追踪"。这个实验有两个回合。第一回合，小车追坦克；第二回合，坦克追小车。比赛规则：先后出发，后出发者追上先出发者为胜。比赛结果：坦克胜。（实验说明：小车是普通电动小车，它的驱动部分是万向轮。在行驶时，它前进的方向是不固定的，行驶路线是随机的；坦克是寻迹坦克，它的底部带有传感器，可以沿画好的路线进行行驶。为了确保演示成功，笔者对两个实验器材也实施了干预，在小车和坦克的尾部各安装了一个毛笔头，这样它们就可以在行驶过程中留下行驶痕迹，便于坦克顺利地追踪到小车。）

设计意图：创设情境，产生疑问，引发思考，激发学生学习兴趣。通过对两个回合比赛产生的不同结果进行分析、讨论，让学生注意到反馈在控制系统中所起到的重要作用。

爱因斯坦曾经说过，提出一个问题往往比解决一个问题更为重要。在通用技术课堂中，更是如此。比赛结束后，学生就会很自然地提出这样一个问题并自发地进行讨论：小车为什么没有追上坦克，而坦克却追上了小车呢？两个回合比赛的结果所形成的强烈反差会让学生产生强烈的好奇心和继续探究的欲望。这种好奇心和欲望实际上是质疑精神的一种体现，而这种精神恰恰是进行科学和技术研究时所必不可少的。反馈环节是区分闭环控制与开环控制的重要标志，两个实验玩具，一个有反馈，一个没有反馈，它在对比演示中的出现，将使学生对两种控制系统的含义由抽象变成了具象。

这也是学生从亲身体验过程中创生新知识的过程，对概念的理解有一个非常直观形象的印象，同时学生还会对这种学习新知识的过程感到非常愉快。此时，教师的主要工作就是结合两个实验玩具的工作原理进行引导和归纳，理顺学生对两种不同控制工作方式的理解，促进概念正确生成。

接下来，笔者又引导学生对"投掷飞镖"与"电视制导导弹"两个案例进行再分析；然后，让学生列举生产生活中有哪些常见的闭环控制系统和开环控制系统，并阐述其工作过程。主要目的是检验教学目标是否达成，深化学生对两种控制系统工作方式的理解，使学生对控制思想及实现方法的认识得到深化与提升，并照应第一部分教学内容。这也是一个在学中用、在用中学的过程，对学生来说这是一个概念强化的过程，对笔者来说这也是教学的导用深化阶段。

本节课的主要教学内容按理说到此就应该结束了，但学生到这个时候会对两种控制系统的具体应用产生一个理解上的误区：即闭环控制比开环控制更优越。为此笔者又设计了第二个演示实验：两辆寻迹坦克（其中一辆的传感器被遮挡），同时在两条长度相等的直线上行驶，先到终点者为胜。比赛结果：同时到达，不分胜负。

设计意图：引导学生讨论开环控制系统与闭环控制系统在实际应用时应该如何选择。深化学生对两种控制系统的认识与理解，并能在具体应用时做出选择判断。

课堂最后，由学生归纳总结本堂课学到的知识要点，目的是让学生对控制思想和方法的认识进行梳理，形成自己的理论，建立起清晰的知识网络。

课后延伸思考题：有传感器的控制系统一定是闭环控制系统吗？

（四）教学资源

教具：媒体课件，组装好的中速齿轮四驱车 1 个，普通玩具电动小车 1 个，玩具寻迹坦克 1 个，整开素描纸 3 张，墨水 2 瓶，毛笔头 2 个，变速箱演示装置 1 套。

学具：半成品四驱车 16 套，高、低速齿轮组件各 16 套，5 号电池 32 节，简易小车 9 个，砝码 20 套（50g×4）。

（五）板书设计意图

板书设计略。

设计意图：关于板书设计，笔者采用的是归纳法，这样的板书可以给学生一个清晰的知识生成过程，具体内容可以通过多媒体课件演示。一些动态内容由于较为灵活，则使用了旁板书。（完）

三、关于"控制与设计"主题的教学，教师可以从以下两个方面进行领会和把握

（一）准确理解"控制与设计"的基础知识，领会控制对生产和生活的意义

本主题的教学目标主要是在理解和掌握控制及控制设计的基本概念和知识的基础上，领会控制思想，正确运用控制及控制设计的基本知识和思想分析、理解生产和生活中的控制问题和控制现象，并能用所掌握的知识和思想解决简单的

控制问题。

控制涉及的学科知识多，专业性强。教师要在课程标准和教材的基础上把握好以下关于"控制与设计"的主要内容。

1. 控制的含义及理解时应注意的问题

人们按照自己的意愿或目的，使事物向期望的目标发展的过程中，所采用的手段和方法称为控制。理解控制含义时应注意，控制是指人的意愿行为，而非自然形成的。如地球围绕太阳运转，就不属于控制问题。

2. 控制的类型及理解时应注意的问题

从人干预的情形可以将控制划分为两大类型：人工控制和自动控制。在理解控制类型时应注意，这两种控制类型是一般意义上的分类，应从定性角度理解，否则将会涉及自动化程度的问题，这样显然就会超出课程要求的范围。在具体分析某控制现象时，为避免理解上的歧义，可以首先确定分析的范围，再判断控制的类型。以全自动洗衣机的控制为例，"全自动"主要是指洗衣机在洗涤过程中的漂洗和脱水阶段实现的，而在洗衣机启动阶段还需要人工参与。

3. 控制的方式及理解时应注意的问题

控制的方式分为开环控制和闭环控制。在理解控制方式时应注意判断开、闭环控制方式，不能把"检测"作为唯一依据，而要在检测的基础上看是否有反馈和比较。闭环控制一定有"检测"环节，开环控制也可以有"检测"环节。如自动门的控制就有红外线检测装置，而自动门的控制属于开环控制。控制方式是指控制系统本身具有的运行机制或运行特征。在理解这一机制或特征时不能加入人的因素，否则一切控制方式都将变成闭环控制。至于有些书在阐述闭环控制方式时加入人的因素（如投篮的控制），目的是让读者容易理解而做的形象解释。

理解控制描述时应注意：方框图描述的是控制系统，每个方框是控制系统的子系统，每个控制子系统通常情况下由若干部分组成，系统的输出量并非一定是单一种类。

4. 正确理解干扰与反馈的关系

干扰与反馈是研究控制问题需要考虑的重要因素，在理解时要注意，干扰在有些情形下是人所需要的。比如在坐便器的水箱水位控制中，"放水"的操作就是干扰，而这个干扰是我们所需要的。任何控制系统都存在干扰，为了消除干扰，纠正被控量的偏差，通常利用闭环控制的反馈办法来实现。

（二）正确把握控制主题的教学策略

1. 深入浅出引入新课

对于控制的理解，学生往往认为是高科技领域的问题，比较高深难懂。在教学时，教师应通过适当的教学策略，将难理解的概念简单化，深入浅出地引入新课。例如，西瓜在自然条件下通常为球形、椭球状等形状，如果希望它生长成正方体形状，就需要对它进行培育、管理等，这就是控制。控制是普遍存在的，且日益影响到人类的生产和生活。

2. 正确把握控制主题的教学方向

本主题的教学目标为：让学生在了解基本控制知识的基

础上，重点领会控制思想和方法，能用控制的思想和方法分析、解决简单的控制问题，激发学生技术创新的欲望。

由于控制涉及的专业知识广且深，在教学中千万不能陷入"控制理论"的学习中，而要牢牢把握住控制思想和方法的教学方向。控制的思想和方法是指在控制领域中与专业原理相区别的，能反映认识、研究、设计控制问题的共同的思维方式和方法，为解决控制问题提供的有效的思路和方向。

本主题涉及的控制的思想和方法有开环控制思想、闭环控制思想、功能模拟思想、黑箱思想等，以下通过案例分析进一步理解控制的思想和方法及其应用。

水塔水位自动控制系统的工作原理体现为：安装在水位传感器滑竿上的浮筒可以随着水位升降控制常闭干簧管的通断，从而将检测到的实际水位信号传递给电子控制装置，电子控制装置再控制水泵的工作，实现水塔水位的自动控制。而在现实生活中使用的小水槽水位自动控制系统工作原理也体现了对控制的思想和方法的应用。从中可以看出，这两个控制案例的专业技术工作原理完全不同，但它们的共同特点就是，都应用了闭环控制的思想和方法来解决问题。也就是说，解决控制问题的专业原理可能各式各样，但是解决控制问题的思想和方法具有共通性。

3. 正确把握专业知识教学同思想方法教学的关系

从前面的案例分析可以看出，在控制问题的教学中，会涉及一些专业知识和原理，这就需要正确把握好专业知识教学同思想方法教学之间的关系。对于专业知识和原理教学，只需要让学生知道功能和作用即可，不需要深入理解，而应把着力点放在各种控制现象共同蕴含的思想方法上。

4. 选择合适的教学载体来经历技术实践

教学载体可以由教师统一提供，也可以由学生根据自己的观察和兴趣确立相对简单易行的项目。在项目实施时间和环境安排上，可以根据具体情况而定。在项目实施的过程中，要让学生经历控制系统设计的一般过程，验证和领会控制思想和方法的应用。

第三章　通用技术课堂教学实施策略指导

第一节　如何开展通用技术课堂教学

一、通用技术课堂是如何开展的

在通用技术课堂教学中，其课堂形式依据教学内容和学生活动的不同阶段大致分为四种：原理（概念）理论类课程、设计类课程、实践操作类课程和测试与展示类课程。每种课程形式侧重点不同，要完成的主要目标也不尽相同。

理论类课程是偏重知识学习的课程，比如："认识结构""控制系统的基本组成""三视图"等。这些理论课侧重于落实知识点，强调学生对知识、原理、概念的了解和掌握。

设计类课程偏重学生根据设计要求，经历设计过程，从设计构思、设计的表达到形成最终的设计成果。设计类课程在通用技术课程中比重较多，比如"桌面小台灯的设计""车载水杯支架的设计""便携小板凳的设计"等。

实践操作类课程偏重学生们的动手能力和设计的物化能力，往往要使用恰当的工具完成材料的加工，初步制作一个满足设计要求的实物模型。实践操作类课程在通用技术课程中很典型，比如"模型与原型的制作""加工工艺实践""结构模型的设计与制作""控制系统的设计与制作"等。

测试与展示课程在通用技术课程中用于学生测试自己的作品，并且展示说明自己的设计方案，开展学生间的讨论与交流，比如"结构模型受力技术测试""控制系统工作测试""学生创意设计展示"等。

虽然课堂形式不同，但是课堂教学实施的过程大致都要经历课程引入环节、课程展开、总结与提升环节、课后拓展与作业布置等环节。

在课程引入阶段主要是让学生做好上新课程的准备，对之前课程有一个简单的回顾，对即将要开始的新课程有一个方向性的了解。集中学生的注意力，争取使其能自然地进入新课程的学习。

课程引入后进入到正课讲解和学生活动阶段，这个阶段是一节课的重点，占用的时间也最长。目的是让学生在旧知识的基础上对新的知识进行学习掌握，教师要在这个环节认真细致地讲解新知识，完成教学设计中的重难点教学，同时让学生巩固与吸收新知识，为后面的继续学习做好准备。

在总结与提升阶段，教师主要是要小结本次课的教学，对本次课的新知识做提升总结，之后为下次课的开展做铺垫。

在课后作业布置阶段，教师要布置课后作业，并且提供一些扩展知识的学习资料供学生参考。

二、重视课堂的引入环节

课堂引入的方法很多，主要有以下几种方式：

（一）旧知识引入法

主要是以复习旧知识为起点，在复习旧知识的基础上，按照新旧知识之间的内在逻辑关系，引出新知识。这种引入方法，由已知，逐渐推导出未知，是一种很自然的引导过渡方法。这种引入方法适合知识内在逻辑关系很强的课程。

（二）实例情境引入法

主要是在正课讲解前，给学生创设一个真实且与新知识相关的实际情境或者案例，通过对其进行分析，逐渐引出新知识的过程。

例如，在"认识流程"这一课的引入环节，老师播放一段学生去医院看病的视频资料，引导学生分析看病的步骤，以及看病的前后环节能否对调，从而引出对流程和流程环节的认识，这种引入就是一种实例情境引入法。

（三）问题情境引入法

主要是在正课前根据学生已有的经验、生活技能、社会知识巧妙设计一系列问题，用一个接一个问题将学生的思考引导到马上要开始的新课程中来。这种引入方法强调问题的逻辑性、问题的矛盾性，使学生的思维活跃起来，调动学生的求知欲与学习兴趣，释放引导学生的学习兴奋点。

（四）图片导入法

主要是在正课前播放一些有逻辑关系的图片，同时配合一些有针对性的语言讲解，吸引学生注意力，将这节课要设计的项目展示在学生们面前。

例如，在"设计的一般过程——实践"这节课的引入部分，教师先组织学生观看了一些新奇创意家具的设计图片。学生看完图片后都觉得十分有趣，纷纷猜测创意家具的用途。此时，教师配合每张图片进行了简单讲解，当学生知道了家具的真正用途后都表示十分惊讶。之后教师提出，今天的设计主题是"具有某某特色的创意家具"。这种引入就是一种图片引入法。

（五）活动导入法

主要是教师组织学生做一个与设计内容相关的活动，使学生在活动进行中进入设计过程。

（六）游戏引入法

主要是教师从学生们的兴趣点出发，将涉及本节课的设计内容与学生的兴趣点结合，创设出一个颇有趣味的、学生能够参与的游戏项目。在游戏项目的进展过程中，逐渐引出设计的内容和目标。

（七）直接引入法

主要是在开始教学时，教师不借助其他资料，直接以概述新课程的方式将新课的教学内容以及教学程序，用简明清晰的语言讲明。明确教学目标和要求，抓住学生注意力，准备好新课程的教学。这种开门见山的方式，让学生能够以最快的速度进入新课程的学习，是一种快速引入方法。

直接引入法比较适合前后联系不强的知识体系，这种引入方法比较适合动手实操课程，因为在动手实操课上要留出尽量多的时间给学生，让学生去动手，所以引入环节尽量简单明确。但是有必要注意的是，在直接引入后，动手实操之前，教师必须强调安全注意事项，在动手实操课上由于课时限制，省略简化一些教学环节是可以的，但是安全注意事项提示的环节不可少！

（八）经验引入法

主要是在课程开始阶段，教师讲解制作一些动手操作的技巧与经验。这些都是学生自己想不到的前人积累的制作经验。这些经验能引起学生的兴趣，让学生对将要动手实操的内容有比较深入的理解。

例如，在之前的"木工工艺"实践操作课上，教师在课程开始阶段展示了几个榫卯结构实物，分析这几种榫卯结构的优势和设计特点，引导学生关注榫卯结构的设计要点、制作过程、经验技巧等，随后再指导学生将榫卯结构应用于自己的设计，修改了设计图纸。之后学生们使用木工工具和木材，动手制作了自己的小木工实践作品。这次课的引入就采用了经验引入法。

（九）作品展示引入法

主要是在正课前（学生动手前）教师展示多个之前的优秀作品，让学生能够对将要实践的作品有一个很直观的感性认识。这种方法的优点是学生在实操之前就对实操结果能有一个很感性的认识，学生对动手实践目标能有一个更加清晰的认识了解，同时还能借助之前的优秀作品，将评价标准再次和学生明确清晰。

三、课程展开环节的教学活动

通用技术课程课堂教学在课程展开环节常见的教学活动主要有讲授、实验、探究、演示、练习等。

（一）讲授

讲授主要是指教师通过简明、生动的口头语言向学生传授知识、发展学生智力的方法。它是通过叙述、描绘、解释、推论来传递信息、传授知识、阐明概念、论证定律和公式，引导学生分析和认识问题。

讲授的优点是教师容易控制教学进程，能够使学生在较短时间内获得大量系统的科学知识。但如果运用不好，学生学习的主动性、积极性不易发挥，就会出现教师满堂灌、学生被动听的局面。

（二）实验

实验是指通过各种演示实验，进行示范性演示，让学生通过观看演示实验获得感性与理性认识的教学方法。实验法通常作为一种辅助性教学方法和讲授法结合使用。

实验的基本要求是：

（1）教师要及时对实验设计、实验过程、实验分析方法进行解释，甚至可以提前预设好问题，让学生带着问题去观察实验，边观察，边思考。

（2）实验目的要清晰明确，围绕实验目的设计实验，逻辑思路清晰。

（3）实验现象要明显且容易观察，如果实验现象变化不容易看到，可以适当采用电教手段尽量让实验现象明显，便于学生观察。

（4）保证实验结果的可信度，尽量排除次要因素或减小次要因素的影响。

实验可以说是所有理工科教学方法中较常用的一种，具有很强的说服力，但是一定要保证教师设计的演示实验不能有疏漏，否则会对课堂教学带来很大的负面影响。

（三）探究

探究主要是指在教师的指导下，以学生为主体，让学生自觉地、主动地探索知识，完成课堂教学目标的一种教学活动。在探究式教学的过程中，学生的主体地位、自主能力都得到了加强。

探究式教学也有一定的缺点，它比较适合小班教学且需要较长的学习时间，在课时少的情况下，在许多大班级实施时难度较大。

例如，在一次"结构的强度"的课堂中，教师课前准备好钩码、细长杆件（截面形状不一样、长度不一样、材质不一样、连接方式不一样）。课上安排学生活动，由学生讨论这些细长杆件抵抗弯曲变形的能力有什么不同，引导学生设计实验验证自己的结论；要求学生通过阅读资料（包括简单结构设计，结构力学方面的简单知识），再结合之前的试验体验，讨论结构抵抗变形的能力大小和什么因素有关系？在整个教学过程中，学生自主完成实验的设计、实施、论证，教师适时提示学生实验方案的制定技巧，给予学生适时指导，组织小组间的小结发言。这样的课堂教学采用的就是探究式教学。

（四）演示（示例）

演示（示例）是在学生讨论设计之前，教师先来做一个简单的示范，其主要目的是将设计过程展示一遍，让学生心里明确设计的要求和完成的过程，从而合理安排自己的时间。教师选择的示例设计题目可以是和学生设计主题一致，也可以保持相关而不完全一致，示例的设计方案最好不要非常完美细致，暴露一些学生容易犯的缺陷，这样学生更能留下深刻印象。

例如，在"结构设计与制作"一课中，教师要求学生们利用 ABS 杆件，制作一个立方体结构模型。为了将设计要求、设计过程、设计评价等内容向学生交代清晰，教师利用视频资料展示了制作立方体结构的过程，并出示了测试的结果，之后学生才开始进行小组讨论、设计构思、草图绘制、模型制作等活动。

（五）练习

练习，是学生巩固课堂所学、形成技能的一种重要学习活动。练习要注意明确设计练习的目的，让学生设计目标明确。

例如，在"控制系统的组成与工作过程"一课，教师为了帮助学生更好地理解开环与闭环控制系统，安排了自动门、自动扶梯、水箱水位、智能红绿灯、温度报警器等多个案例进行分析，要求学生结合所学概念，在学案上分析几个案例的工作过程并指出其各自的工作过程特点，这种教学方法就是用了练习法。

（六）讨论与交流

讨论与交流，主要是指在教师的指导下，通过学生间、师生间的讨论与交流，展示学习成果、分享学习体会，彼此给出建议和意见，完成互助学习的过程。讨论与交流，能够锻炼表达和沟通能力，培养合作习惯，还是很有效地促进反思的教学方法。

例如，在一次"技术测试"的课堂中，教师要求学生分组对自己的结构进行承重测试并分析讨论测试结果。测试结束后，每组学生上台展示自己的结构设计方案，结合测试结果和其他同学一起讨论如何优化设计方案，教师给予适当点评并总结全课。

四、课堂小结与归纳

通用技术课堂中的小结与归纳是必不可少的。课程的小结与归纳是指在学生完成一个教学内容以后，教师引导学生对知识进行总结与归纳的过程，并且要能引申拓展一些新的知识、方法、内容等。有以教师为主导的总结归纳方式，也有以学生为主导的总结归纳方式。

常用的总结归纳方法有以下几种：

（一）归纳法

总结归纳知识的结构与主线，及时强化重难点，明确课程目标与教学意义，可借助图表等手段。

（二）比较法

将新知识与旧知识进行对比分析，找出它们各自的本质特征，或者不同点，发现其内在联系与规律，以便学生们更准确、更深刻地理解知识。

（三）活动法

根据教学内容，组织学生们进行一些有意思的小组活动，总结全课的知识的结构与主线，比如：操作竞赛、知识问答、小组讨论等。

例如，在一次"结构赏析"课堂教学的最后，教师与学生一起进行展示交流活动，每组学生上台展示自己的结构设计方案，和其他同学一起讨论如何优化设计方案，教师给予适当点评并总结全课。

（四）练习法

使用提问或者小测验的方式，让学生以口头或者书面的方式复习所学内容，加深理解，巩固知识。

（五）拓展延伸法

教师在总结归纳的时候不仅仅只总结归纳本次课的知识体系，还要尽量与其他相关知识、生活现象、工业实际联系起来，把知识向其他方向拓展延伸，拓宽学生知识面，使学生能产生更加浓厚的学习兴趣。同时教师还要把之前的知识和新拓展开的知识联系起来，形成知识体系，这样使学生们能有一个整体的理解与认识。

例如，在一次"认识常见的结构"的课程上，教师总结了本次课我们学到的结构类型有：框架结构、实体结构、壳结构等。"那实际建筑物中的结构都是什么样的呢？我们来看几张图片，从图中我们可以看到，随着材料技术、新工艺的实施，结构类型也在不断发展，实际中的建筑物，结构类型往往是多种类型结合到一起的，具体的更深入地探讨，我们会在大学的课程中进行学习。"这段总结就是拓展延伸法的总结。

第二节 通用技术课程的学习者特征 与教学过程的优化

在通用技术教学实施的过程中，教师必须考虑到教学对象的认知水平及特征。教学实施过程中，教师要根据学生的反应与学生的学习状态，不断地调整和优化教学实施过程。

一、高中生的认知水平特征

大部分高中生年龄在 14 岁到 18 岁之间，这一阶段被称为学龄晚期或青年初期，是生理、心理发展接近成熟正准备走向独立的时期。高中阶段学生的自觉性、独立性有了显著的增长，达到前所未有的水平。他们充满了青春的朝气、活力，积极、向上、热情、奔放，但由于刚刚进入成熟期，他们的心理发展并没有完全成熟。

（1）目的性和系统性：高中学生的知觉和观察能力变得

更加有目的性和系统性。他们能够更加全面和深刻地理解事物，发现事物的主要细节和本质方面。

（2）稳定性和持久性：与初中生相比，高中生在知觉和观察事物时的稳定性和持久性都有了显著提高。

（3）逻辑性知觉：高中生的知觉精确性和概括性得到了发展，出现了逻辑性知觉。这意味着他们在空间知觉上能够更好地理解和处理信息。

（4）批判性思维：高中生开始以批判性的眼光看待周围的事物，他们拥有独到的见解，喜欢质疑和探索。

（5）记忆力的发展：高中阶段是人的记忆力发展的最佳时期，高中生的记忆力已经达到了一个新的成熟阶段。

（6）注意力的发展：高中生的注意力也有所提高，这使得他们能够更好地集中注意力于学习和其他任务上。

只有教师充分了解了学生的心理发展特定阶段及其认知发展的特征，才能在教学设计阶段有的放矢地制定教学目标，才能在教学实施中合理把握教学进程，才能有效地组织教学，真正达成教学目标。

例如，高中生思维具有独立性和批判性，因此在设计作品时往往不喜欢和别人一样，喜欢创新和与众不同，教师在教学实施中应避免那类重复、单一的设计命题，而应选择那些能呈现多元的、丰富的设计成果的方案，在评价时也应考虑多角度和多元的评价标准，这样的实践项目在开展教学活动时才能更顺利完成。

以实践操作类课程为例：

（1）学生们对实践课程都是非常喜欢的，往往从一开始就表现出很大兴趣。在实际教学中，教师应当注意保护学生的积极性，项目选择时不仅要符合课标要求，还要考虑学生是否喜欢，激发他们主动学习的能量。

（2）学生们实践经验往往较少，遇到较多的困难和失败时很难坚持到底，这就需要教师在教学中安排适当的讲解、示范和练习活动以降低难度，通过合理的评价标准，引导学生完成设计与实践过程。切忌盲目实践。

（3）学生们在实践操作时使用工具的能力差异较大，在实践过程中随着时间的推移或者身体的疲劳，其注意力的集中性和稳定性也很快下降。在实践课程中，一定要做到动而有序，除了反复明确安全操作规范、强调安全操作要领外，教师需要较高的课堂组织能力，必须时刻关注学生的安全，紧盯学生的安全操作，防止意外的发生。

二、教学过程的优化

我们优化教学实施过程主要是要将课堂打造成学生主动学习、积极思考的课堂，教学实施过程中要关注师生互动、生生互动，帮助学生将所学内容主动实现意义建构。

从教师角度来说，教学实施中要不断关注教学目标的落实、学生主动参与的程度、反馈信息是否及时等问题。

（1）教师能够依据课程标准的要求和学生的实际情况，科学合理地确定课堂的教学目标。因为教学目标的预设与课堂的实际情况不可能完全吻合，这就需要教师在教学的过程中对教学目标做出适时调整，最大限度地面向全体学生。

（2）教学的过程必须是学生主动参与的过程。这种主动参与主要体现在教师能否采取灵活机动的教学策略调动学生学习的积极性，能否积极引导学生积极思维，能否给予学生更多的时间和机会进行必要的合作和展示，使全班学生分享彼此的学习成果。

（3）教学中适时跟进、监测、反馈、消解，以多种方式巩固学生的学习成果，使学科核心素养教学目标的达成度更高。教师可以在教学中反思自己的教学活动设计是否合理，在反思和改进中不断提高教师自身的教学实施能力。

第三节　通用技术教学实施中的"任务驱动"与"项目教学"

教学方法有很多，教师的教学方法选择得当，教学效果才会好。

一、教师应如何合理运用教学方法

（一）合理选择和有效运用教学方法

科学、合理地选择和有效地运用教学方法，要求教师能够在现代教学理论的指导下，熟练地把握各类教学方法的特性，能够综合地考虑各种教学方法的各种要素，合理地选择适宜的教学方法并能进行优化组合。

首先，教师应当根据具体教学的实际情况，即以对教学内容和学生实际情况进行细致分析为基础，对所选择的教学方法进行优化组合和综合运用。

其次，无论选择或采用哪种教学方法，要以启发式教学和引导学生的自主学习作为运用各种教学方法的指导思想。

最后，教师在运用各种教学方法的过程中，还必须充分关注学生的参与性。下面给出一些选择教学方法的建议：

1. 依据教学目标选择教学方法

不同领域或不同层次的教学目标要想有效达成，都要借助于相应的教学方法和技术。教师可依据具体的可操作性目标来选择和确定具体的教学方法。

2. 依据教学内容特点选择教学方法

不同学科的知识内容与学习要求不同，不同阶段、不同单元、不同课时的内容与要求也不一致，这些都要求教学方法的选择具有多样性和灵活性的特点。

3. 根据学生实际特点选择教学方法

学生的实际特点直接制约着教师对教学方法的选择，这就要求教师能够科学而准确地研究分析学生具有的特点，有针对性地选择和运用相应的教学方法。

4. 依据教师的自身素质选择教学方法

任何一种教学方法，只有适应了教师自身的素养条件，并能被教师充分理解和把握，才有可能在实际教学活动中有效地发挥其功能和作用。因此，教师在选择教学方法时，还应当根据自己的实际优势，扬长避短，选择与自己特长相适应的教学方法。

5. 依据教学环境条件选择教学方法

教师在选择教学方法时，要在时间条件允许的情况下，最大限度地运用和发挥教学环境条件所具备的功能与作用。

（二）通用技术课程中常用的"任务驱动法"与"项目教学法"

任务驱动法与项目教学法是通用技术教学实施过程中经常使用的教学方法与学习方法，我们在此将这两种方法进行一个梳理。

1. 任务驱动法

所谓"任务驱动"就是在学习的过程中，学生在教师的帮助下，紧紧围绕一个共同的任务活动中心，在强烈的问题动机的驱动下，通过对学习资源的积极主动应用，进行自主探索和互动协作的学习，并在完成既定任务的同时，引导学生学习的一种学习实践活动。

任务驱动教学法的特点是通过"任务"来诱发、加强和维持学习者的成就动机。而成就动机是学生学习和完成任务的真正动力。"学习任务"作为学习的桥梁，"驱动"学生完成任务的不是老师而是学习者本身，更进一步说是学习者的成就动机。

"任务驱动"是一种建立在建构主义教学理论基础上的教学法。它要求学生带着真实的任务在探索中学习。在这个过程中，学生会不断地获得成就感，可以更大地激发他们的求知欲望，逐步形成一个感知与心智活动的良性循环，从而培养出独立探索、勇于开拓进取的自学能力。

任务驱动法使用时要注意："任务"并不是静止和孤立的，它的指向应是学习者成就动机的形成，即任务是一个由外向内的演化过程，是以成就动机的产生为宗旨的。"任务"设计要与学生的兴趣、能力、知识背景等相关因素相匹配，要通过"任务驱动"帮助学生完成从"任务内驱"走向"动机驱动"的过程。

例如，在一次"结构的设计与制作"的课程中，教师设计了"任务"：要求学生为自己家阳台设计一个能够用于花卉种植的花架。经过4次课的讨论、设计、制作、测试、优化后，每位学生都能设计并绘制出一个阳台创意花架的设计图，并完成一个作品的模型。以设计花架为任务，学生们在设计过程中理解、掌握和应用"影响结构的稳定性和结构强度的因素"，学习的过程与实际问题相联系，这种教学方法就使用了任务驱动法。

"任务驱动教学法"将以往以传授知识为主的传统教学理念，转变为以解决问题、完成任务为主的多维互动式的教学理念；将再现式教学转变为探究式学习，使学生处于积极的学习状态，每一位学生都能根据自己对当前问题的理解，运用共有的知识和自己特有的经验提出方案、解决问题。任务驱动法对教师的教学内容的加工能力、学生学习的指导能力、课堂调控能力都提出了很高的要求，需要教师在课前认真准备和设计。

2. 项目教学法

项目教学法起源于欧洲的技术教育思想，到 20 世纪中后期逐渐趋于完善。项目教学法是在老师的指导下，将一个相对独立的项目交由学生自己处理，信息的收集、方案的设计、项目实施及最终评价，都由学生自己负责。学生通过该项目的进行，了解并把握整个过程及每一个环节中的基本要求。

项目教学法由学生与教师共同参与，学生的活动由教师全程指导，有利于学生集中精力练习技能。对学生来说，通过转变学习方式，在主动积极的学习环境中，能够激发好奇心和创造力，培养分析和解决实际问题的能力。对教师来说，从单纯的知识传递者变为学生学习的促进者、组织者和指导者。

项目教学法注重理论与实践相结合，要完成一个项目，要求学生从原理开始入手，结合原理分析项目、完成设计与制作。而实践所得的结果又拷问学生：是否这样？是否与理论一致？学生通过该项目的进行，了解并把握整个项目过程及每一个环节中的基本要求。

根据通用技术课程的特点，项目教学法很适合通用技术课程的实施。在课上我们的一些动手实践项目可以这样进行：

● 项目起始阶段：收集设计需求，明确项目目标与设计目标。

● 项目准备阶段：讨论设计方案绘制设计草图，绘制加工图纸，准备必需的材料与工具，对要用到的加工工艺进行主动学习。

- 项目实施阶段：按照设计方案与图纸进行加工制作。
- 检查测试阶段：教师指导学生完成相应的技术测试。
- 评价与优化阶段：项目小组集体讨论测试结果，并且根据测试时候出现的现象与问题，对项目设计进行改进。如果课时允许，可以让学生进行新一轮项目改进的设计与制作。

二、教学案例：简单控制系统的设计（项目式教学设计）

教材版本：粤教粤科版普通高中通用技术教材《技术与设计2》（2019年版）

课型：新授课

（一）整体分析

1. 项目依据

（1）课程标准

①理解控制、控制系统的含义及在生产和生活中的应用，通过案例分析了解手动控制、自动控制、智能控制的特点。

②熟悉简单的开环控制系统和闭环控制系统的基本组成与工作过程，理解其中的控制器、执行器等的作用，了解干扰现象及反馈原理，并能用方框图表达控制系统的工作过程。

③根据控制系统的控制要求，确定被控量、控制量，进行简单的控制系统的方案设计，并搭建一个简易的控制系统装置，进行调试运行和综合评价。

（2）教材分析

粤教粤科版普通高中通用技术教材《技术与设计2》（2019年版）第四章"控制及其设计"，由"了解控制""控制系统的组成和描述""简单控制系统的设计""控制中的干扰"等四节内容构成。

"了解控制"是本章的开篇内容，依次从控制的含义、控制的应用、控制的方式和类型（手动控制和自动控制、开环控制和闭环控制），帮助学生建立关于控制的初步认识和感性观察，为下一节内容"控制系统的组成和描述"做好铺垫。

"控制系统的组成和描述"继续上一节内容，从开环、闭环控制系统的基本组成和工作过程，控制系统的框图表示等方面进一步强化学生对控制技术的认识，了解开环控制系统和闭环控制系统各自的控制特征及相互之间的差别。

"简单控制系统的设计"通过控制系统设计概论、设计实例等内容，帮助学生进行简单控制系统的初步设计，生成简单控制系统设计的一般思路和步骤，运用系统与工程思维解决实际技术问题。

"控制中的干扰"由控制系统的干扰因素、克服干扰的基本方法两个部分组成。"干扰"是理解控制系统组成及工作过程的重要基础内容，是学生全面理解控制系统需要掌握的核心概念之一。

本章教学内容在通用技术必修模块中占有重要的地位，其知识难度和教学难度相对较大。因此，在实施教学时，可以对照《课程标准》，结合本章教材内容，选取一个贴近学生生活实际的项目来组织教学活动。通过学生亲身体验设计、制作过程，理解控制、控制系统等基本概念，感受控制系统中各部件的作用和工作过程，了解控制系统设计和优化的基本方法，掌握控制系统设计的一般思路和步骤。

（3）项目学情分析

本项目的学习对象为高一下学期的学生。此前，学生已经学习了《技术与设计1》，经历了技术设计的一般过程，有了一定技术设计基础。在学习《技术与设计2》中的"结构""流程""系统"三个技术专题之后，具备了一定的结构设计、流程管理、系统权衡的意识与能力。

本章教材内容"控制及其设计"是必修模块的重点内容，由于控制理论比较抽象生僻，学生对其认识还仅限于生活应用的现象层面，难以触及控制技术的深层理论。而项目式教学的优势就在于让学生置身于现实生活和真实世界，让学生在技术设计活动中建构技术知识、应用技术原理、体悟设计过程、生成技术学习经验。因此教师在设计项目时，不仅要充分考虑到学生的认知水平，还要尽量选择学生熟悉的控制系统作为教学载体，通过解决学生生活中遇到的真实问题激发学生的探究热情，从而帮助学生建立控制理论的基本框架，习得控制系统设计的一般思路和步骤，更好地理解控制思想，实现知识的有效学习，为进一步学习和设计比较复杂的控制系统做好理论与实践准备。

2.项目实施的整体构想

（1）项目背景

电风扇，是学生非常熟悉的生活电器，学生并不缺乏使用电风扇的生活经验。教室里安装了若干电风扇，这些电风扇的启停都是通过手动操作完成的。学生在使用电风扇的过程中，出现了如下诉求：一是学生在离开教室时，常常忘记关掉电风扇，造成了很大浪费。能否设计一个像"感应电灯"那样"人在扇转，人走扇停"的电风扇呢？二是当冬夏两季因室内使用空调而造成室内外温差较大时，每次开窗通风，学生都要或打开或关闭电风扇，学生感觉很麻烦。能否设计一个电风扇，既可以根据教室内有人无人，又可以根据室内温度变化自动调整其运行状态的"智能"电风扇呢？

（2）项目目标及实施构想

①项目目标

在对学生的诉求进行分析后，我们确定实施项目为"'智能'电风扇"，以实现电风扇的"'智能'控制（既可以根据教室内有人无人，又可以根据室内温度变化自动调整其运行状态）"作为项目目标。

②实施构想

在项目设计上以任务群、活动群、问题串为主线，帮助学生构建概念建立、知识获得、意义建构、迁移运用的认知路径。

图 3-1　认知路径图

在具体实施上，将项目设定三个具体情境，三个情境对应三个不同梯度的任务，依次是情境一和任务一：完成人体红外感应电风扇的设计与制作；情境二和任务二：完成温控电风扇的设计与制作；情境三和任务三：完成"智能"电风扇的设计与制作。三个任务呈螺旋式递进关系，每个任务再分解为若干活动，每个活动又分解为若干问题，目的是让学生在解决问题、完成活动和任务的过程中，完成学习内容。

情境一：学生不在教室时，常常忘记关掉电风扇，造成了很大浪费。能否设计一个像"感应电灯"那样"人在扇转，人走扇停"的电风扇呢？

情境二：冬夏两季教室内常常使用空调，因此室内外温差较大。为保证学生身体健康，每隔一段时间，教室都要开门开窗进行通风。每次通风，学生都要打开或关闭电风扇，学生感觉很麻烦。如果设计一款电风扇，能够根据教室内的气温变化实现自动启停就好啦。

情境三：任务一完成的电风扇能实现"人在扇转，人走扇停"；任务二完成的电风扇能"知冷知热"，根据温度变化自动启停。如果将上述两个功能结合起来，是不是就能设计出一个既可以根据教室内有人无人，又可以根据室内温度变化自动调整其运行状态的"智能"电风扇呢？

（3）项目要求

①技术指标：a.120度锥角范围内、水平距离7米范围内有人时，电风扇启动；无人时，电风扇关闭。b.室内温度高于26℃时，电风扇启动；低于等于26℃时，电风扇关闭。

②结构要求：结构稳固，各组成部分布局合理，布线整齐规范。

③功能要求：室温高于26℃时，教室内有人，电风扇启动，教室内无人，电风扇关闭；室温低于或等于26℃时，无论教室内有人无人，电风扇均不启动。

④外形要求：外形美观，能将产品外观造型与产品功能很好结合。

（4）项目评价

①评价时间线。

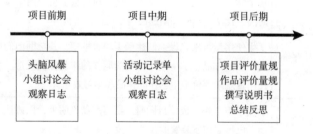

图3-2 评价时间线图

表 3-1 项目评价表

评价方法 / 工具	评价过程及目标
头脑风暴	在项目的准备阶段鼓励学生用头脑风暴的方法提出解决问题的多种可能。
观察日志	在整个项目活动中，记录对学生的评价和他们的学习情况。
项目评价量规	量规中明确了学生要在这个项目中所做的工作的各种要求和标准，以及项目的目标。学生用这个量规了解项目的要求、目标，并不断地调整项目工作以达到项目目标。学生用项目量规自我评价项目学习。教师用评价量规评价学生的作品。
合作检查表	在小组合作时，学生用检查表去检测合作技能。教师在讨论会中与学生一起回顾检查表，提示学生在小组活动中要参考这个检查表。
小组讨论会	教师参加所有小组讨论会，以确保学生讨论的内容正确性且围绕着项目开展的同时，回答学生提出的所有问题，并评价每个学生这一段时间的学习进展。讨论会上会留给学生一些时间，让学生提问和阐述已经掌握的学习内容。
作品评价量规	学生使用量规来确保他们达到了项目期望，并帮助他们创作高品质的作品。学生还用量规为同伴的作品提供反馈。教师使用量规来评价学生创作的作品和学习效果。
撰写说明书	学生小组合作完成项目同时，撰写产品说明书，以确认"智能"电风扇控制装置的相关试验活动的正常完成。
总结反思	学生总结反思整个项目的学习过程。在项目结束的时候，学生通过总结反思以设置新的学习目标。教师通过学生的反思，评价学生在整个项目中的表现。

②学习及评价工具。

• 学案（详见附件一）。

● 项目评价量规（详见表3-2）。

表3-2 项目评价量规

班级： 组别： 姓名：

评价项目	等级及分值			得分		总分
	A（21-30分）	B（11-20分）	C（0-10分）	自评	互评	
态度	积极按时准备好活动需要的用具	按时准备好活动需要的用具	本能按时准备好用具			
	积极参与探究活动，主动发言，并具有参考价值。	参与探究活动，被动发言，发言质量一般。	被动参与探究活动，不发言。			
	安静认真倾听他人发言	经过提醒才能安静倾听	不能安静倾听他人发言			
	按分工、按时完成任务	按分工完成任务	不能完成任务			
质量	按要求完成任务	完成的任务基本符合要求	完成的任务不符合要求			
	分工明确并能够细说出活动过程	只能简单说出活动过程	不能说出活动过程			

● 作品评价量规（详见表3-3）。

表3-3　作品评价量规

班级：　　　　　组别：　　　　　姓名：

等级 指标	4	3	2	1
可行性与 可实现性	控制系统的组成完全可行，完全可以实现。	控制系统的组成完全可行，大部分可以实现。	控制系统的组成完全可行，部分可以实现。	控制系统的组成不可行，不能实现。
元件选用	完全符合应用需求。	基本符合应用需求。	部分符合应用需求。	不能符合应用需求。
控制过程	控制过程流畅、被控对象响应迅速。	控制过程较流畅、被控对象响应较迅速。	控制过程不流畅、被控对象响应较慢。	控制失败、被控对象无响应。
控制动作	控制装置整体工作良好，各部件动作控制准确。	控制装置整体工作良好，各部件动作控制准确有待完善。	控制装置整体工作一般，但各部件动作控制相对正常。	控制装置系统整体及各个部件都不能完成控制动作。
外观造型	外观造型美观独特、新颖，与装置功能有极高的配合度。	外观造型美观独特、新颖，与装置功能有较高的配合度。	外观造型没有特点，与装置功能有较高的配合度。	外观造型没有特点，与装置功能没有配合度。
结构设计	结构设计合理，能够实现装置功能。	结构设计较合理，能够实现装置功能。	结构设计较合理，基本能够实现装置功能。	结构设计不合理，不能实现装置功能。

● 合作检查表（略）。

3. 项目实施的课时计划

项目前期：共1课时。

【第 1 课时】

项目内容：（1）组建项目小组；（2）下发项目任务单；（3）引导学生明确学习任务，发现并明确问题需求。

对应教材章节内容：《技术与设计 1》第三章第一节 "发现与明确设计问题"。

资源与工具：计算机和网络，电风扇，项目评价量规。

项目中期：共 5 课时。

【第 2 课时】

项目内容：任务一活动（探究普通电风扇控制原理）。

对应教材章节内容：

第一节 "了解控制"：（1）控制的含义；（2）手动控制。

第二节 "控制系统的组成和描述"：控制系统的组成。

资源与工具：十字螺丝刀、130 直流电机 1 个、叶轮 1 个、电池盒 1 个、5 号电池 2 节、红黑杜邦线、木板（条）1 个、铁丝 15cm、M4 螺钉若干。

【第 3 课时】

项目内容：任务一活动 2（人体红外感应电风扇控制系统原理性方案设计）；任务一活动 3（搭建、调试人体红外感应电风扇控制系统原理性模型）。

对应教材章节内容：

第一节 "了解控制"：（1）自动控制；（2）开环控制。

第二节 "控制系统的组成和描述"：（1）开环控制系统的组成；（2）开环控制系统框图。

第三节 "简单控制系统的设计"：控制系统设计概论。

资源与工具：计算机、mBlock5（或 Arduino）软件、风扇组件、红外感应传感器、AM312 微型红外传感器、86 型红外感应传感器（带继电器）、MegaPiPro 主板、Rj25 转接线。

【第 4 课时】

项目内容：任务二活动 1（探究温度传感器的工作原理及应用）；任务二活动 2（搭建、调试温控电风扇控制系统原理性模型）。

对应教材章节内容：第一节"了解控制"（闭环控制）；第二节"控制系统的组成和描述"（闭环控制系统的组成、闭环控制系统框图）；第三节"简单控制系统的设计"（控制系统设计概论）；第四节"控制中的干扰"。

资源与工具：计算机、mBlock5（或 Arduino）软件、风扇组件、红外感应传感器、温度传感器、MegaPiPro 主板、Rj25 转接线、冰块若干。

【第 5 课时】

项目内容：任务三活动 1（同一控制系统多传感器应用探究）；任务三活动 2（"智能"电风扇控制系统原理性方案设计）。

对应教材章节内容：第一节"了解控制"（智能控制）；第三节"简单控制系统的设计"（控制系统设计概论）；第四节"控制中的干扰"。

资源与工具：计算机、mBlock5（或 Arduino）软件、风扇组件、红外感应传感器、温度传感器、MegaPiPro 主板、Rj25 转接线、薄木板、铝合金条、M4 螺栓螺帽、冰块若干、照相机、合作检查表。

【第 6 课时】

项目内容：任务三活动 3（搭建、调试"智能"电风扇控制系统原理性模型）；指导学生优化设计方案；指导学生撰写作品说明书。

对应教材章节内容：第三节"简单控制系统的设计"（控制系统设计概论）；《技术与设计 1》第三章第四节"技术设计方案"；第四章第三节"测试与优化"。

资源与工具：计算机、mBlock5（或 Arduino）软件、风扇组件、红外感应传感器、温度传感器、MegaPiPro 主板、Rj25 转接线、薄木板、铝合金条、M4 螺栓螺帽、冰块若干、照相机、合作检查表。

项目后期：共 1 课时。

【第 7 课时】

项目内容：组织学生作品展示交流；指导学生评价总结。

对应教材章节内容：《技术与设计 1》第四章第四节"设计的交流与评价"。

资源与工具：作品评价量规、实物展示设备、投影设备或电子白板。

4. 项目学习目标

（1）学生通过组装、调试普通电风扇，探究电风扇控制系统的基本组成与控制原理，了解控制及控制系统的含义。

（2）学生通过搭建、调试人体红外感应电风扇，对开环控制系统及技术问题产生初步的感知与体悟。

（3）学生通过搭建、调试温控电风扇原理性模型，能够理解反馈环节的作用，熟悉闭环控制系统及技术问题的解决与处理。

（4）学生通过搭建、调试"智能"电风扇原理性模型，能够完成比较复杂的控制系统设计并作出改进与完善。

5. 项目承载的学科素养

本项目承载的学科核心素养：

技术意识：经历典型的案例分析，理解控制、控制系统的含义，了解手动控制和自动控制及其应用，形成对人工世界和人机关系的认识。

工程思维：能够运用控制的基本原理，进行基于问题解决的控制设计并加以物化，能运用控制的原理和系统分析方法，进行简单的技术设计活动；能尝试运用输入、过程、输出、反馈和干扰等工程思维进行控制系统设计。

创新设计：经历简单的控制系统设计，了解被控对象的基本特性，确定被控量、控制量，形成控制系统设计方案，并在试验的基础上提出改进方案。

图样表达：能识读、使用规范技术框图等技术语言构思与表达设计方案。

物化能力：能完成一个简单的控制系统装置的制作、调试，初步对技术产品进行技术指标测量。

（二）本项目的第三课时教学设计

授课题目："智能"电风扇的设计与制作（第3课时）

教材版本：粤教粤科版普通高中通用技术教材《技术与

设计 2》（2019 年版）。

1. 教材分析

（1）本章教材分析

本章教材有四节教学内容，依次是"了解控制""控制系统的组成和描述""简单控制系统的设计""控制中的干扰"。如果要将本章教学内容通过一个项目来完成，则有必要对教材内容进行整合。按照内容之间的逻辑关系，我们可以将四节内容整合为三个部分："认识控制""控制系统的分析""简单控制系统的设计"。整合后，我们发现，前两个部分内容都是为第三个内容而进行的理论准备。所以，我们可以以"简单控制系统的设计"为核心，围绕简单控制系统设计的一般步骤和过程、如何形成控制系统设计方案展开教学。教学中以"智能"电风扇为教学载体，通过设定具体任务、活动，在项目实施的过程中将课程标准及教材内容贯穿起来。这样，就可以帮助学生对控制理论进行全面、系统的理解，领悟控制及其相关原理的丰富内涵和在生产生活中的广泛应用，提升工程思维和技术意识等核心素养。

（2）本课时教学内容分析

本课时教学内容是"'智能'电风扇设计与制作"项目教学过程的第三课时。根据该项目实施构想，本课时要完成任务一中的活动 2"人体红外感应电风扇控制系统原理性方案设计"、任务一活动 3"搭建、调试人体红外感应电风扇控制系统原理性模型"。通过上一课时的学习，学生了解了什么是控制、控制系统，知道了要想理解控制现象，就要明确控制的对象是什么，控制要达到什么样的目的，采取怎样的控制手段。

本课时的教学活动，是在完成对普通电风扇控制系统探究和解析之后，真正地开始进行控制系统设计的一个重要教学活动。完成本课时学习内容后，学生能够掌握控制的若干基本概念、开环控制系统及框图表示，初步了解简单控制系统设计的一般思路和步骤。

2. 教学目标

（1）学会分析被控对象的基本特性，明确输出量与输入量之间的关系。

（2）能根据控制系统的控制要求，明确系统各项指标。

（3）能确定被控量、控制量等基本环节及其工作过程。

（4）能根据控制要求和参数，确定开环控制系统构成方案，绘制开环控制框图。

（5）通过对人体红外感应电风扇控制系统原理性方案设计的学习，原理性模型的搭建与调试，提高学生解决问题的能力，培养学生工程思维和创新设计等核心素养。

3. 教学重点和难点

教学重点：简单开环控制系统设计的一般思路的步骤。

教学难点：解析被控对象的基本特性。

4. 教学过程

（1）教学环节一：创设情境。

①教师活动：

- 播放视频：片段1（教室内无人时，电风扇仍然在工作）；片段2（夜晚，学生在教学楼走廊行走，随着学生的前进，走廊的灯一盏一盏地亮起；学生远去后，走廊的灯又一盏一盏地熄灭）

● 设问：对比两个片段，我们发现了什么？我们身边是否存在片段1中的情景呢？

● 设问：我们能否把我们教室内的电风扇改造成一个像"感应电灯"那样"人来扇转，人走扇停"的电风扇呢？

②学生活动：思考如何解决这个问题。

③设计意图：创设情境，把学生生活中的真实场景引入课堂，引起学生共鸣，激发学生解决问题的兴趣，目的是让学生带着问题完成接下来的技术活动。

（2）教学环节二：难点讲解。

①教师活动：

● 设问：要实现这个控制目，就需要我们提供一个解决方案，而当我们面对一个控制系统方案设计任务时，应该从哪儿入手？

● 设问："人来扇转，人走扇停"电风扇中的被控对象有什么基本特性？

回顾普通电风扇的组成结构，解析被控对象的基本特性。

● 难点讲解：电风扇有两种工作状态：转和不转。叶轮同电动机固定连接，这样我们就可以通过对叶轮特性的解析转化为对电动机特性的解析。电动机具有两个工作状态，即转的状态与不转的状态。转与不转，实际上是供电电路的接通（有电流通过）与断开（无电流通过）。也就是说，这两个工作状态的实质区别是有电流或无电流。而有电流或无电流，是通过电路中的开关来操纵的。

所以，对于"人在扇转，人走扇停"电风扇来说，有人是输入，电流是输出，有（无）人，便有（无）电流，这样我们就把对被控对象的解析又转化为对输出与输入之间关系的解析。

②学生活动：思考、回答（从分析解析被控对象特性入手）。

③设计意图：对被控对象的解析，学生容易停留在对被控对象的结构外观和表面特性上进行解析。这样的话，学生就不容易抓住所研究对象的本质特性。在这里，我采用了转化的方法，通过两次转化，引导学生把对被控对象的表象特性研究转化为对被控对象参与控制系统工作时特性的研究上，自然帮助学生初步形成原理性方案。

（3）教学环节三：原理学习。

①教师活动：

● 组织学生自主学习。

完成学案第二条中任务一的活动2第1小节中的问题3（本项目中的被控量、控制量各是什么？）

● 教师对"被控量""控制量"的确定及方法进行点拨归纳。

● 组织学生小组合作学习。

完成学案第二条中任务一的活动2第1小节中的：

问题4：可供选择的人体红外传感器有哪些？哪些适合

用于原理性模型？哪些适合用于真实产品？

问题5：根据以上分析，确定控制系统构成方案。

问题6：请你画出人体红外感应电风扇的控制系统框图。

● 教师对设计方案进行点拨归纳。

● 组织学生展示交流设计方案。

②学生活动：

● 学生完成问题3，确定控制系统的被控量、控制量。

● 听讲，自我归纳总结。

● 学生完成问题4、问题5、问题6，初步确定系统构成方案。

● 学生完成并筛选出组内最优的设计方案，在班级内展示设计方案。

③设计意图：让学生独立地通过分析、探索、实践、质疑等方法来实现学习目标，从而促进学生思维的发展。培养学生的团队合作意识和能力（包括合作的知识、技能和情感态度等）。

（4）教学环节四：原理性模型搭建（零部件选型）。

①教师活动：

● 讲解原理性模型零部件的选型策略。

● 在教师的指导下，学生通过小组合作学习，完成学案第二条中任务一的活动2第2小节中的问题。

问题1：本项目中的执行器是什么？生产生活中常用来作为执行器的装置（器件）有哪些？

问题2：继电器是如何控制电动机启停的？继电器的输

入和输出各有什么特点?

问题3:人体红外感应电风扇控制系统,可以通过红外传感器感知系统周边是否有人。除此之外,还有哪些传感器能检测到系统周边有人? 这些传感器是否适合用于本项目?

问题4:控制器或控制电路是如何实现控制目的的?

②学生活动:

· 完成执行器(继电器)、传感器的选型。

· 小组合作学习,完成学案。

③设计意图:因为原理性模型所需要的零部件同实际产品所用到零部件的并不完全一致。所以教师在学生进行原理性模型搭建之前,要作以说明。

(5)教学环节五:原理性模型搭建(程序编写)。

①教师活动:

· 结合学案第二条中任务一的活动2第2小节中的问题5(请你将烧录在控制器(单片机)中的程序用流程图的方式表达出来)讲解示例程序。

· 对学生完成的问题5进行点评。

②学生活动:

· 完成问题5,编写、调试程序,绘制程序的流程图。

③设计意图:控制器中运行的控制程序(或电路设计),体现了实施控制的全过程。通过程序编写,绘制程序流程图,能帮助学生更好地理解控制系统的运行原理。

(6)教学环节六:原理性模型搭建、调试。

①教师活动:

● 教师巡视，对各个小组搭建的原理性模型进行点拨、指导。

● 总结原理性模型搭建、调试过程中出现的共性问题。

②学生活动：

● 搭建、调试原理性模型。

● 对比共性问题，检查自己的实践过程。

③设计意图：通过搭建、调试原理性模型，验证设计方案的可行性，提升学生工程思维和物化能力等方面的核心素养。

（7）教学环节七：归纳总结评价。

①教师活动：

● 引导学生归纳、总结简单控制系统设计的一般思路与步骤。

● 结合评价工具组织学生自我评价。

②学生活动：

总结并完成评价。

③设计意图：帮助学生对课堂学习内容进行归纳、总结，培养学生的思维能力和分析能力；通过评价，协助学生准确地理解自己的态度、水平、知识等方面的成就和问题，提升学习质量。

5. 板书设计：略

（完）

项目教学法强调学生的自主学习，主动参与。主张先练后讲，先学后教，从练习开始，调动学生学习的积极性、主动性、创造性等。学生唱"主角"，而老师转为"配角"，实现了教师与学生角色的换位，有利于加强对学生自学能力、创新能力的培养。

第四章　通用技术课堂教学管理策略指导

第一节　通用技术课堂教学组织的形式和策略

通用技术课堂教学组织形式是根据通用技术学科的教学思想、教学目标、教学内容及其他教学主客观条件来统筹确定的。

一、通用技术课堂教学组织的形式

通用技术课程教学组织形式跟其他科目一样，根据教学单位的规模和师生交往互动的程度来划分教学组织形式，通常主要有班级集体授课、小组合作学习、个别化学习等教学组织形式。

（一）班级集体授课教学形式

班级集体授课是目前学校教学中最常见的教学组织形式，它是一种集体教学形式。它把一定数量的学生按年龄与知识程度编成固定的班级，根据每周课表，安排教师有计划地向全班学生集体上课。

这种教学组织形式的优势就是教师能够同时面对大量学生授课，能够在规定的时间内呈现更多的教学内容，有更大的教学规模效益，能保证学习活动循序渐进，并使学生获得系统的科学知识，扎扎实实，有条不紊。不足之处是这种统一的集体教学难以适应学生的个别差异，学生通常只能被动接收教学内容。

通用技术课程中强调技术实践，为了保证教学效果，特别是保证技术操作的安全性和规范性，应根据场地和条件适度减少班级人数，实行"小班化"的班级集体授课。

例如，在设计"结构与设计"教学内容时，将一个56人的行政班级分为两个部分，分别由两位老师同时任教，两位教师可以设计相同或不同的教学项目，但教学项目要承载相同的技术知识、技术方法、技术思想。如在"结构与设计"单元，两位老师分别设计了"木梁承重"和"悬臂梁承重"，这两个项目都让学生经历了设计的一般过程，学习到有关结构的知识、方法、思想以及文化内涵。

（二）小组合作学习教学组织形式

小组合作学习是在班级教学为基本教学组织形式的前提下，教师以学生学习小组为学习单位，通过指导小组成员展开合作学习来完成教学的一种教学形式。小组合作学习有助于发挥群体的积极功能，提高个体的学习动力和能力，达到完成特定的教学任务的目的，改变教师垄断整体课堂的信息源而学生处于被动地位的局面，从而激发学生的主动性、创造性。通用技术教学中教师应积极采用这种教学形式，鼓励学生合作完成项目的设计方案制定、模型或原型制作、优化、展示与评价等。这种教学形式的不足之处是小组成员之中可能有同学被动参与、滥竽充数，而且教学进度不易控制。

通用技术课程教学中很多时候都可以采用小组合作来完成，特别是任务较复杂，难度较大和耗时较长时，小组合作学习尤为重要。

例如，某教师选择了"无人机设计与制作"这一教学项目进行"系统与设计"主题部分的教学内容，教学中他要求每个小组至少由 3 人组成，小组共同完成设计方案的制定、结构设计、控制系统设计，安装调试、系统整体优化等任务，项目的评价标准中要求小组分工明确、记录小组活动过程并完成小组整体的项目评价。

（三）个别化教学组织形式

个别化教学是为了适应学生个性化需求，满足不同学生的兴趣，针对不同学生的能力和学习进度而设计的教学组织方法。当同一教法不能满足学生们的程度差异时，为顾及个别学生的能力、兴趣、需要及可能遭遇的困难，教师须在教学过程中特别设计不同的教学实施的组织形式和教学计划。

个别化教学并不意味着让学生独自学习，也并不意味着"一对一"的个别教学形态，它更多地表现为教师在教学实施中考虑学生的个体差异并设计一种适应学生个体差异的教学方案，即学生自主完成学习，教师在教学中针对这些个别化的学习需求提供指导与帮助，包括学生编组、课程组织、教材编选、教学方法、课表安排以及成绩评量等方面。

这种教学组织形式的优点是允许程度各异的学生能够按照自己的能力选择相应的学习方式，学习的时间和空间的灵活性大。但这种形式要求学生有较高的自觉性，否则完不成学习任务，而且需要充足的资源作为支持，教学成本较高。

在通用技术的一些基于大项目的技术设计教学内容中，因为学生所面对的一些半开放命题和开放命题的差异性较大，可以采用这种教学组织形式。

例如，某教师选择了"智能车设计与制作"这一教学项目进行"控制与设计"主题部分的教学内容，只要实现小车的智能控制即可。学生根据自己的能力可以设计与制作循迹小车、避障小车、测距小车、走迷宫小车等。即学生自主完成学习，教师在教学中针对这些个别化的学习需求提供指导与帮助。

以上三种教学组织形式在教学实施时都有各自不同的优势和不足，通用技术教学实施过程中不必只采取某一种单一的教学组织形式，应该将三种教学组织形式有机地组合使用，相互融合，扬长避短。

二、通用技术课堂教学组织的策略

通用技术教学策略是为实现某一教学目标而制定的、付诸教学过程实施的整体方案，它包括合理组织教学过程，选择具体的教学方法和材料，制定教师与学生所遵守的教学行为程序。通用技术课程中有技术理论、技术设计、技术制作、技术试验等教学内容，课程实施过程中除了要有开放的、宽松的学习环境和条件外，教师还要通过精心设计学生的学习活动，实现良好的师生、生生互动的课堂形态。

（一）导学——自主学习策略

这种课堂教学是以学生自主学习为主，以教师指导为辅，教师通过给出导学提纲和阅读或观察的材料，辅助学生独立思考、学习和交流，达到掌握知识技能和培养学习能力尤其是自学能力的目的。

例如，在"走进技术的世界"这一单元的课程上，教师引导学生上网查阅各种新技术（如 3D 打印技术、印刷技术、通信技术等）的发展史材料，然后组织学生分享交流学习成果，让学生走进技术、了解技术，为后续的技术设计打下基础。

（二）问题——探究学习策略

教学活动中，学生在教师的指导下自主发现问题并探究问题，通过思考、实践、合作和交流等多种形式在探究的过程中有所发现和得出结论，并最终解决问题。

例如，在"发现问题和明确问题"一课中，老师给出笔筒、手机架等相关原型或模型，让学生通过观察、思考发现这些原型或模型的不足，从而发现并明确问题，进而确定自己或小组的设计课题。

（三）分组——合作学习策略

小组合作教学也是一种教学策略。其特点是：针对问题、分组研究；组内合作、组间竞争；最后交流、共同分享成果。在分组合作中要有明确的责任分工和进度推进表，避免拖拉、依赖情况产生。

通用技术课程中，"分组——合作学习"是较常用的组织形式，特别是在较复杂的技术项目学习中，如"结构与设计""控制与设计"中的一些项目均可以采用小组合作的教学形式。教师在组织过程中要注意小组分工、对小组学习的个别指导、对学习进度的督促等。

（四）任务分层——差异化学习策略

差异化学习策略是以任务为中心，根据学生实际情况对学生和任务进行微小分层和分类，使其对应不同程度的教学目标，并指导各层学生完成各自任务。这种教学策略要求任务要"有主题（任务明确）、有线路（思路清晰）、有交流（相互交流、启示和完善）、有评价（过程性和发展性的评价）"。

通用技术课程中教学活动通常是基于项目的教学。如"结构与设计"这一单元，有的老师就将项目分为建筑、桥梁、家具、小车等项目，每类项目都承载着结构与设计所蕴含的技术知识、技术能力与技术思想，学生在这些项目中选择适合自己开展的项目进行设计与制作。

例如，在进行"创意设计"教学时，将项目分为个人项目（创意灯具设计与制作、创意笔筒设计与制作、存钱罐设计与制作）、双人项目（智能车设计与制作、小家电设计与制作）和三人或四人项目（无人机设计与制作、双足机器人设计与制作、机械臂设计与制作）三个层次和类别，由学生根据个人的兴趣、能力选择完成项目。

教学有法，但又教无定法。无论采用哪种教学组织形式和策略，都要依据教学内容、所处的教学环境、所具备的教学条件和所教授的学生的特征去选择和实施。

第二节　通用技术课堂各阶段的组织

不同的教学内容、不同的课型，其课堂教学组织形式不一样，课堂教学过程与环节也不一样。"导学——自主学习"形式包括明确自学要求、开展自学、交流讨论、评价总结和练习运用五个阶段；"分组——合作学习"形式则包括提出研究课题、小组构建分工、小组合作研究、组间交流展示和总结评价补充五个阶段。通用技术课堂教学的组织往往要与项目的设计和实施过程相统一，分组合作学习、明确设计课题或项目、成立小组并构建分工、小组合作探究、交流展示与总结评价是其中典型的五个教学组织的阶段。

一、明确设计课题（或项目）阶段的组织

明确课题是一个教学内容或设计项目的起始，好的开头是成功的一半，因此提出设计课题时的组织显得尤为重要。

（一）组织学生就位

学生进入通用技术相关主题教室或实验室后，教师按照主题教室使用规程和提前设计好的分组要求，组织学生在指定的学习位置或工位坐好或站好。

（二）组织学生听取要求，明确设计课题或项目

此阶段应该是布置设计任务，教师通过设计项目书或项

目学习单、教学课件等方式来传达教学信息。此时要求所有学生在设计项目书或项目学习单上画出重点和关键词，从而让学生明确自己的项目要求，为后续的项目学习做好准备。

二、成立合作学习小组阶段的组织

依据前面所述的合作学习教学形式相关的内容，此阶段的组织一定要让学生首先要明确分组要求，然后再结合分组要求组织学生进行自由分组。例如，可以在学习中根据项目的难易程度、学生的兴趣爱好进行分组。

为了让每个人都参与进来，教师应该让学生进行组内分工，且将分工明细表上交给教师或记录在项目学习单上。例如在进行"某某项目设计与制作"教学时，项目学习单就要明确记录每个环节的负责人，记录内容包括谁负责设计、谁负责优化、谁负责后期处理、谁负责组装调试、谁负责交流展示等。

三、小组合作探究阶段的组织

此时虽然主要是学生学习探究，但是教师的组织与指导也非常重要。

（一）以项目进度表推进学生学习与探究

比较大的班级，小组数目较多，教师有可能组织不过来，中间可能出现松懈现象。所以教师可以编制项目学习推进表，从而推进项目任务按时完成。

（二）学生合作学习探究时的组织

此时教师应当在学生之间来回巡视，发现问题尤其是学生使用工具及设备过程中出现的不正确操作要及时予以纠正，或者在学生需要帮助时及时予以指导。与此同时要发挥好合作学习小组组长的作用。这个阶段，小组内部有可能出现意见不统一的情况，教师要注意引导他们沟通和理解，形成统一的意见和解决方案。

四、小组项目成果交流展示阶段的组织

这个阶段的学生由于看到自己完工的作品而显得十分兴奋，课堂纪律不易控制，所以组织起来有难度，但也有一些方法可以解决：

（1）让各组提前做好交流展示准备。比如准备好设计说明或展示 PPT，不打无准备之仗。

（2）在交流展示之前安排好交流展示的顺序。

（3）将小组的纪律包括展示时纪律的表现纳入评价要素之一。

（4）交流展示时要求其他组依据设计的基本原则等进行点评，避免在其他组展示时无事可做。

五、总结评价阶段的组织

这个阶段是一个项目、一个设计课题、一个教学内容的收官阶段。这个阶段组织的好坏直接影响下一个项目、下一个设计课题、下一个教学内容的学习。

（1）事先准备好带有评价细则的项目评价表，保证评价的公正性、严谨性与严肃性。

（2）总结要全面、到位。总结的要素包括学生学习过程中的表现、学生成果的好坏、小组合作的情况、学生的学习探究态度等。需要注意的是，在通用技术课堂的这五阶段中都渗透着一个很重要的教学行为的组织，那就是学具、工具和设备使用的组织。尤其是当学具、工具和设备不能做到人手一套或者每小组一套时，更需要合理的组织。要做到确保安全、组织有序，提前跟学生讲清楚学具、工具和设备使用规则，如使用情况记录、借用归还制度、使用复位制度等。

例如，某老师所在的学校提供教学用的智能控制套件有20套。刚开始，他一上完课就自己整理，久而久之觉得自己的很多精力都被整理材料和工具占用了，于是就向其他教师请教怎么做才好。有一位在教学组织和管理方面非常有经验的教师说："你让学生每次用前用后都清点一遍并做记录和签字就好啦。"于是，他按照这位教师的方法要求学生，而学生每次也都在课后将套件整理好放回原位，就这样，学生养成了好的技术习惯，他也可以将精力专注于教学活动上了。

通用技术课堂教学各阶段的有序组织是项目学习任务高效完成的保障，良好的组织可以促进学生热爱技术学习，自觉学技术、用技术、学设计、会设计。

第三节 通用技术课堂教学偶发事件处理

一、通用技术课堂教学中的偶发事件

通用技术课堂教学中的偶发事件，是指在课堂教学过程中意外发生，且与教学计划、教学目标无关的直接影响或干扰课堂教学秩序的一种特殊教育现象。即使教师在课前进行了精心准备和充分的预设，但由于课堂教学的生成性，课堂教学偶发事件仍不可避免的存在。

二、通用技术课堂教学中偶发事件的特点

偶发事件表现形式多样。有的是积极性的，有的是消极性的；有的是纪律性的，有的是伤害性的；有的是有意的，有的是无意的。不管哪种形式，偶发事件都有以下特点：

（一）突发性

尽管课前对教学的正常效果乃至意外情况进行了充分的预估和设计，然而课堂教学是预设与生成相统一的过程，真实的课堂教学是师生间多种因素动态互动的推进过程，所以难免会遇到无法预设的问题。这些问题和事件的发生往往是一个急剧变化的过程，伴随偶发事件的发生，人们总有出乎意料的感觉。

（二）偶然性

偶发事件的孕育发展具有较大的隐蔽性、潜在性。这类事件发生在什么时间、怎样的场合、发生在谁的身上都不可预知，有较大的偶然性。

（三）冲击性

偶发事件的发生及其发展趋势往往会产生一定影响，震撼人们的心灵，给人留下难忘的印象。对个人来讲，或许会对他的思想品德和个性才能的发展产生深远的影响；对班集体来讲，偶发事件会产生振荡效应，有时会冲击大多数人的思想，甚至改变人们的观念。尤其是那些反响比较大被称为"爆炸性新闻"之类的事件，冲击性更为突出。

（四）紧迫性

偶发事件发生突然，有时来势凶猛，震动性大，涉及面广，对人们思想有一定冲击作用。这就要求教师必须能够迅速而正确地做出判断。对积极的偶发事件要因势利导，及时强化其良性作用；对消极的或有伤害性的偶发事件要随机应变，采取紧急措施，防止事态扩大产生不良结果。

三、通用技术课堂教学偶发事件的类型

依据偶发事件的起因，可将通用技术课堂的偶发事件分为两类：一类是由教学系统的外部因素（通用技术教学资源和外界环境）所引起的，一类是教学系统的内部因素（任课教师、学生、教学内容等）所引起的。一般来说，常见偶发事件有以下几种类型。

（一）环境干扰型

包括外界环境干扰和通用技术资源环境干扰。外界环境的变化对课堂教学会产生一定的影响。例如突然停电、教室外突发一些事件等。

通用技术资源环境主要是指教学中所用的设备出现故障以及使用的设计软件存在问题等。例如由于设备问题造成学生编译的程序不能上传等。这些偶发事件都会分散学生注意力，使教学秩序受到影响。

（二）教学失误型

这类偶发事件主要是通用技术教师在课堂上出现操作失误等引起的。例如在进行激光切割与雕刻时，由于教师的误操作设置，导致学生作品没能很好地呈现出来，从而引起课堂的骚动。

（三）学习困扰型

课堂中由于教师对教学内容准备不充分、讲解演示不到位；或者由于教师的表达能力不强；或者由于学习内容难度太大且没有进行必要的铺垫而导致学生学习困难……这些都会导致学生分心，从而影响教学效果。如新进一台 3D 打印机，教师还没完全熟悉设备的使用方法就去教学生使用，现学现教，学生会认为教师准备不充分而交头接耳，也影响教师在学生心目中的形象。

（四）生成与预设偏离型

由于学生的技术知识储备、技能基础、设计能力参差不齐，甚至差异很大，教师难以对他们的知识结构、技能水平、设计能力进行充分的预设，导致课堂教学充满了挑战性和不确定性，课堂上的生成可能与教师的预设形成偏离，这就要求教师顺应教学情境的变化进行适当的调整。

（五）学生异动型

主要体现在学生心不在焉、强出风头、恶作剧和发生矛盾纠纷等方面。如个别同学不按要求使用设备，造成设备损坏，从而影响其他学生使用，其他学生跟其发生争吵、谩骂甚至打架从而影响正常的教学秩序。

四、通用技术课程教学偶发事件处理的方法

课堂偶发事件处理是一件复杂的、自由度很大的创造性活动。一个偶发事件的处理方案多种多样，需要教师在极短时间内机智地寻找、筛选和确定一种最佳的处理方案。巧妙、艺术地处理偶发事件，反映了教师的教育创新，这也是新课改对教师提出的要求与挑战。无论是什么触发对象，什么性质的偶发事件，我们都应冷静思考，并理智耐心地加以处理。一个高明的教师总能够充分认识并挖掘偶发事件中的积极因素，从而化弊为利，变被动为主动，使偶发事件统一于正常的教学过程中。

（一）因势利导，调和情绪

处理偶发事件就应从偶发事件本身的积极因素出发，调好学生的注意力和兴奋情绪，因势利导，使学生"移情"于教学。

例如，在一次上课前，一教师发现学生们因为 NBA 球

星科比退役一事议论纷纷，激动不已。于是，教师立即改变了课程导入方式，讲述科比是如何刻苦训练才达到今天的高度的，从而引导学生应该学习他为了梦想而坚持的精神，并将这种精神带到自己的学习中来，从而设计与制作出更多的富有创意的作品。如此一来，教师就抓住了学生在这一偶发事件中表现出的明星效应，将其巧妙地引到教学中来，调和了学生的情绪，使之趋于平静，专心听课。

（二）巧设疑难，以退为进

偶发事件有许多是这样的：课堂上，学生忽然提出一些难题或怪题，或追问一时遗忘的问题。遇到这类情况，教师可以不必急于回答，而是巧妙地反过来把问题抛给学生思考，把直接解答的机会变为启发学生思考的最佳契机，最后再综合学生的解答而得出结论。

例如，一位教师在讲技术的综合性时谈到航天技术，学生突然问出一个很特别的问题，这位教师根本不知道这个非常专业的问题如何回答，但他机智地解决了这个问题："这个问题某某同学提得很好，有哪位高手能替他解答一下或者帮他提供一个解决问题的途径？"最终这位老师以退为进，帮助学生解决了问题，还被学生称为很机智的一位老师。

（三）自然转移，巧妙回避

有的学生在课堂上会连续提出一些与教学联系不大或毫无关系的问题，且要"打破砂锅问到底"，如果教师跟着学生的问题逐一回答，往往会影响正常教学，弄不好会出现僵局，这时候教师应该掌握主动权，将话题讨论的范围适当收放，待时机合适转移话题。

例如，一位教师在介绍 3D 打印技术时，一位同学就一直围绕打印手枪的技术细节不断追问。这位老师说："打印枪支是不合法的，技术在促进社会发展的同时也可能会带来不利影响，我们要趋利避害，接下来继续讨论 3D 打印技术的运用如何促进社会的发展。"

（四）幽默圆场，自嘲解脱

当偶发事件发生，课堂上出现僵局时，教师的幽默语言往往能起着很好的缓和气氛的作用。

例如，在一次作品展示与交流活动中，有学生说老师展示的作品这儿不好，那儿不足。这位老师稍有尴尬，但他拿出更多学生的作品并自豪地说："我不太会设计，但我能教会我的学生设计，我设计不好，但能教会我的学生设计好，这就是做老师最大的成功。"当时课堂上就响起了热烈的掌声。当然，运用幽默自嘲的语言必须注意分寸，才不至于伤害学生的自尊心，降低教师的威信。

（五）随机应变，化险为夷

由于外部某些因素造成课堂偶发事件，处理时要求教师：一是暂停讲课，稳定学生的情绪；二是随机应变、迅速处理、化险为夷；三是巧妙提出问题，把学生的注意力拉到教学内容中来。

例如，一位教师在指导学生使用激光切割机切割椴木板时，学生没有将速度调快、能量调低，导致椴木板在高能量激光照射下立刻着火了，学生们恐慌了。这时该教师沉着冷静，一面叮嘱学生不要慌乱，一面立刻关闭激光切割机和排风机的电源，在缺氧的状态下，椴木板的火势变小并熄灭，妥善处理了突发事件。

在课堂教学中，突发事件我们常会遇到，处理的方式方法也是多种多样的。教师要有敏锐的观察力、准确的判断能力、果断的决策能力和及时的调控能力。

第五章　通用技术有效教学
与实践教学策略指导

第一节　通用技术课程有效教学实施策略

通用技术课堂在教学实施阶段，教师应该把握以下策略：学生学习心态的积极维持策略，包括动机激发和兴趣培养；教学内容的传输加工策略，包括传输教学内容的策略和加工教学内容的策略（前者是指教学言语、媒体运用等，后者是指合作学习、个别化学习等）、有效认知指导策略（提高信息接收能力的策略、高效知识表征的形成策略、课堂秩序管理策略等）。

一、有效教学策略的核心问题

有效的教学策略是教师实施有效教学的基本前提，对完成教学目标，提高教学效益有重要意义。有效教学的核心问题就是教学的效益，即什么样的教学是有效的，是高效、低效还是无效的？所谓"有效"，主要是指通过教师的教学后，学生获得的进步或发展，学生有无进步或发展是教学有没有效益的唯一指标。

利用课堂互动分析等研究方法，系统地考察和记录课堂教学中师生互动模式与学生学习成绩的关系，可以界定出课堂上影响学生认知的教师行为。在对教学有效性进行研究时发现，在诸多的教师行为中有五种促成有效教学的关键行为：

- 清晰地授课
- 多样化教学
- 任务导向
- 引导学生投入学习过程
- 确保学生成功率

教学过程中要实现有效教学，首先要知道教师的哪些行为能够促进学生的进步和发展，在设计和组织教学活动时要主动地、有意识地规范教师的行为并引导学生的学习过程，才能达到预期的效果。

二、通用技术课堂的有效教学

我们已经知道五种教师行为对教学有效性至关重要，在通用技术的教学实施中，要具体把握这些关键行为实现有效教学，达成教学目标，促进学生发展技术能力和提升技术素养。

（一）清晰授课

这一关键行为是指教师向全班呈现教学内容时清晰程度如何。清晰授课具有以下特点：

（1）使要点易于理解；

（2）清晰地解释概念，使学生能按逻辑的顺序逐步理解；

（3）语言清楚不含糊，教师的语言和行为不要分散学生注意力。

清晰表达是一种能力，这包括教师关注自身的语言能力和良好的行为举止，并不是所有教师都能清晰而直接地与学生交流。

例如，在"控制与设计"一节课中的课堂引入环节，授课教师想通过一篇故事引出传感器及控制电路的设计，本来为给学生创设一个与新知识相关的实际情境或者案例是很好的教学活动，但是该教师却花了将近10分钟的时间才逐渐引出新知识，后续用来留给学生真正学习本课主体内容和设计分析的时间就明显不够了。原来，该教师在引入环节时讲跑题了，花了大量时间讲故事，他讲话的方式削弱了课程内容显现的清晰度，不能引导学生正确地听课并回答问题。教师在引入环节呈现材料花去大量时间，也就没有时间用于教学重点的落实和教学难点的突破。这样的引入环节就不能算作清晰授课。

授课不清晰还表现在有些教师语言不够简洁或是表达方式有些含糊，也有些教师会有一些习惯性的小动作干扰其的表达。新教师如果有上述的问题，可以将自己的授课过程录制下来，通过反复观看视频发现自身的问题，有意识地进行纠正和改进。

清晰授课是一种能力，通用技术课程中这一教师行为往往还体现在学生实践环节中，即组织活动时学生是否明确自身的任务，也就是教师给学生布置任务是否清晰准确，对学生的指导是否准确易懂。

清晰授课对教师的根本要求是教师认知的清晰性。如教师是否清楚学生当前的水平在知识迁移或同化过程中的影响；教师是否能用举例、图解和示范等方法来解释和澄清重点和难点等。这些都是教师在教学设计过程中需要重点讨论和关注的。因为，这关系到教学实施中能否使学生按照教学的逻辑顺序逐步理解学习内容，实现教学的有效性。

（二）多样化教学

多样化教学是指通用技术教学中教师应多样地、灵活地呈现教学内容。教学过程中一般表现在两大方面：

一方面是提问的多样化，"提问"是师生互动最有效的方法之一，教师可以设计许多不同类型的问题。如果教师能把这些问题与教学环节有序结合起来，就构成了有意义的多样化教学。教师要掌握提问的技巧，提问时要能够根据教学实际需要设计不同类型的问题。

例如，"请同学们回忆，从力学架构与形态考虑，结构有哪三种主要类型？"这一问题主要是事实问题；"请点评一下这个流程的设计是否合理，能不能再提出一些改进建议？"这一问题则更倾向于过程问题；"请大家看PPT中展示的作品，评价一下这些产品的设计体现了什么设计原则？"是倾向于引导学生思维聚焦的聚集性问题；"今天学习了简单温控电路的工作过程，大家想想日常生活中还有哪些温度传感器的基本应用？"则是倾向于引发多样结果的发散性问题。

另一方面，通用技术的多样化教学表现在对学习材料、设备、展示方式以及教室空间运用方面的多样化。通用技术教室要根据教室的实际面积、形状、位置进行科学设计，合理规划布局；仪器的配置尽可能简单实用、易于操作、保证安全；尽可能为学生提供丰富多彩的实验材料，以满足学生设计作品的模型或原型的制作，进行各种技术试验、技术操作、技术装配等的不同要求。多样的设备与材料再配合多样的教学活动才能增强教学的有效性。

（三）任务导向

任务导向是指教师课堂时间的分配要服从于通用技术学科"技术核心素养"的学习任务。教师的课堂教学应与教学目标、课程要求相匹配的，而对学生进步的评估也是在这些教学目标、课程要求的指导下进行的。也就是说，在教学实施过程中，教师和学生的各项活动要与教学设计中的教学目标、教学重点与难点相一致。

教师可以从以下几方面思考：

• 我讲课、提问用了多少时间？鼓励学生探究或独立思考又用了多少时间？我评价学生行为用了多少时间？

• 我组织教学并使学生做好学习准备用了多少时间？

• 教学中呈现的是否都是必不可少的内容？有无可删减的内容？

• 我与学生的"师生互动"是否集中于本课的重点内容？

教师应把大多数时间用于教授切题的内容，而不是那些可有可无的过程材料上。学生有效率地获得教学内容，就能取得更好的学习进展。

（四）引导学生投入学习过程

　　教学实施中要尽可能促进学生在这段时间里真正学习，在忙于教学内容并从教师提供的教学活动中受益。在一些通用技术课堂上，教师仅提供大量的案例或学习材料并不能保证学生投入学习，这一点可以通过课堂观察发现，如果学生们看与课堂教学内容无关的书的时候，很显然就没有投入学习。而那些看起来精神集中但实际上却在走神的学生也没有投入学习，因为他们并没有积极地思考、操作或使用教师所提供的内容。要纠正这种类型的不投入往往需要教师改变教学活动本身的结构以及对学习者的认知要求。这就要求教师要运用一定的教学策略，来引发学生投入学习活动。

　　学生的学习积极性主要靠学习责任感和学习兴趣两个要素得以保持，两者相辅相成。引导学生投入学习过程的教学策略要从这两个方面想办法去取得突破。

　　例如，设计的表达与交流"三视图及轴测图"内容，通常都是绘图学习，为了让学生更深刻体会到技术图纸及技术规范的重要性，一位教师特别设计了一个学生活动：三人一组，首先需要每个学生识读三视图并绘制出工件的轴测图，然后分别依图加工制作完成对相应的构件，最后需要将三个人的构件进行组合才能完成一个孔明锁作品。这个项目加入了团队合作，对读图能力及技能水平都充满了挑战，学生非常感兴趣，整个过程学生们都一丝不苟，充满热情，积极地投入了学习。

再如，有一位教师在"金工工具及工艺常识"一课中讲解锉削的规范操作时，发现学生掌握程度达不到预期的效果，反思后他认识到，直接给学生观看正确操作演示不能引起学生的关注，于是改变教学策略，先用视频的方式将学生常出现的错误集中并用夸张的方式呈现，让学生挑错后再给出正确的操作示范，引发学生对规范操作的关注。这个方式起到了很好的效果，重难点知识也在这个过程中突破解决了。

（五）确保学生成功率

学生学习的成功率，是指学生理解和准确完成学习任务的比率。教师能否组织和安排中高水平成功率的教学，并向学生提出超越给定信息的挑战，是实现教学有效性的关键行为。中高水平的成功率，有助于提高学生的自信心，增强学生对学科内容和学习的积极态度；有助于学生在学有余力的情况下还有时间和精力进行批判性思考和独立思考等，这对于学生们自主学习和学会学习特别有帮助。

检验教学实施是否达到中高水平的成功率，可以用学生理解和准确完成练习的比率来衡量：

● 高成功率：学生理解任务，只是偶尔因粗心而犯错误。

● 中等成功率：学生不完全理解任务，犯一些实质性的错误。

● 低成功率：学生压根不理解任务。

教学中怎样保证学生达到中高水平的成功率呢？下面结合实例进行分析：

在进行"结构与设计"主题教学时，很多教师采用"桥梁模型设计"项目作为活动载体。但在实际课堂教学过程中，教师们发现，学生在进行桥梁设计时，不仅需要认识材料的基本特性并掌握基本工具的使用，还要完成设计和技术测试以及设计的优化等新知学习，当面对的未知太多或难度太大时学生们往往无所适从。

实例1：教师A设计了"制作正方体"活动，作为"桥梁模型设计"的铺垫，将对材料特性的认识和工具的使用在此项目中完成，并简化了结构设计强度的分析和设计难度，提高了学生学习这个项目的成功率。

实例2：教师B面对类似的问题，采用了另一种方式，他在学生设计阶段引入了CAD软件工具作为知识探究手段，精心设计学生自主学习的资源包，以学生的自主学习为核心，提供了案例分析、探究实验的设计、学生学案的引导问题、录制软件操作的微视频等学习的支持资源，打造了一个支持个性化学习、自主学习的支持环境，且引导学生学会使用软件来分析结构受力，为后续设计、制作完整的桥梁模型提供了有效支持。

上述两个实例提示我们，帮助学生提高学习的成功率可以从学生的"最近发展区"和关注学生的个体差异两方面优化教学实施过程。心理学家维果茨基把现有的发展水平与最高潜在水平间的区域称为"最近发展区"。教学实施过程中教师要确保教学内容与各层次学生的"最近发展区"相适应，"因材施教"才能保证每个学生的认识水平通过教学活动不断向前发展，才有利于提高课堂教学的有效性。

以上所述是促成有效教学的五个关键行为。此外，教师在教学中还可以通过积极利用学生的想法经验扩展所学内容，或通过鼓励学生探寻和解决问题等方式来提高教学的有效性。新手教师要主动地、有意识地在教学反思中审视自己的教学行为是否有助于提高教学有效性，从而不断提高自身的教学实施水平。

第二节　通用技术课程实践教学实施策略

通用技术课程是以提高学生的技术素养、促进学生全面而又富有个性地发展为基本目标，以设计学习和实践操作为主要特征，课堂教学中既注重学生基础知识与基本技能的学习，又注重学生对技术思想和方法的领悟，还关注学生在学习中的技术探究和创造。

通用技术教学除了遵循教学过程的基本模式及教学原则外，因其课程自身的实践性、综合性、过程性等特点，还要立足于学生的直接经验和亲身经历，立足于"做中学"和"学中做"。这就需要教师在教学实践中能从多个维度引导学生的技术学习。

一、以操作学习为主要形式，获取技术知识和技能

技能学习是技术课程中重要且体现学科特色的部分。通用技术课程中基于技能学习的部分，需要教师在教学中分析

教学目标，根据学习者的特点和通用技术教学的教学目标，实施有针对性的教学策略，并能在适当的时机给学习者提供必要的支持和帮助。

动作技能通常是由一套序列步骤或由连续的技能环节动作构成。在这些被称为"成分技能"的动作被组合成单一的、最终行为表现前，学生必须单独地掌握它们。这些成分技能便构成了动作技能学习的重要内部条件。同时，在学习某个动作技能时，必须知道或掌握动作技能组成的程序及相应的规则，以便随着练习的继续，动作技能的水平有所提高。因此，动作技能的学习往往与认知学习交织在一起。通用技术课程中技能学习的教学过程一般有以下几个阶段：对应技能的关键信息提示（如言语指导或对技能的演示）、重复练习、及时反馈以及防止不良习惯的形成。

（一）技能学习中重视"讲授、示范"，还要及时反馈

因为技能的学习首先必须正确理解学习情境和任务性质，这与认识学习是相关的，所以在技能学习中，教师对技能的讲解可以帮助学习者形成对操作技能的全面认识，对操作技能的形成具有重要影响。

在讲解的同时，教师应以直接的动作演示或教学视频进行动作示范，为学习者最初的尝试提供指导，学生通过观察示范动作，获得相应的操作技能。如果在讲授和示范的过程中能设疑和解疑，就能启发和引导学生分析和思考问题，使他们的学习活动积极展开，自觉地领悟知识。

例如，在"套丝工具及攻丝工具的使用"一课中，一

教师以问题引导学生从设计的角度认识、观察工具，了解工具的结构特点，从而使学生更好地理解了工具的使用原理。该教师还根据教学目标和重点、难点，围绕"使用板牙加工外螺纹"这个操作技能的学习提出了三个问题：如何夹持工件？板牙最初切入工件时是怎样操作的？进入正常套丝后应注意什么？三个问题始终出现在屏幕上，让学生带着问题观察操作示范录像。看完视频后，学生根据问题进行分析、总结，教师将学生的回答进行提炼，并将技术要点写在黑板上，突出教学重点。学生操作前，教师在屏幕上展示操作注意事项，强调安全，指出保持垂直度的方法，突破教学难点。

讲解和示范后的学生实践阶段，教师及时给予学生个别化指导同样非常重要，这是影响操作技能学习的重要因素。因为只有及时了解自己动作的正误，舍弃错误动作，才能提高练习的效果。也就是说，教师在完成技能学习的讲授与示范后，还要重视给学生提供及时反馈和指导。

（二）技能学习中强调"练习、巩固"，注意引导反思

操作技能学习的理论和实践都表明，操作技能是在练习中形成的。技能学习中教师所设计的练习的形式、练习的量和练习的组织形式等都对操作技能的形成有重要影响。针对通用技术课程的特点和课时的要求，要使学生迅速地获得操作技能，教师必须正确合理地组织练习。也就是说，教师应明确练习的目的和要求、合理分配时间、及时反馈，以提高通用技术课堂上学生学习技能的效率。

此外，教师安排实践活动进行适度练习后，应通过引导反思巩固练习成果。适当引导学生反思自己的技能操作过程，在分析、总结、评价、调节的过程中，进行自我监控、自我调节。这不但有利于操作知识和操作技能的理解、同化和迁移，还有利于操作技能学习能力的提高。从学生的学习效果的对比中，有反思环节的课堂效率明显高于其他忽视反思的课例。

（三）技能学习中运用"发现、探索"，提高课堂效率

技能学习中恰当地运用发现法进行教学不仅能够激发学生学习兴趣，还在培养学生解决问题能力方面有较大的优势。在发现的过程中，学生是主动学习，在教师指导下，学生通过听讲、观察、实验、思考、讨论等途径去发现并掌握相应的原理和结论，从而自觉地、主动地认识和探索解决问题的方法与步骤。

技能学习中运用发现法，需要学生具有相当的知识经验和一定的思维发展水平，而且由于学生探究活动的复杂化，需要逻辑严密的教学环节，所以这就要求教师的指导更加细致和全面，与其他方法相比，教师的准备工作和课前设计要更加充分。

以上对基于技能学习的通用技术课进行的分析，是对基于技能学习的教学方法的探讨。实际教学中，不同的教师特点、不同的学生情况以及学习环境等外部影响因素都会制约和影响教师对教学方法的选择。建议教师应将讲授与示范、反馈、练习、反思、探索、发现、合作学习等方法与具体情

境结合起来进行教学，在教学组织中合理运用这些因素，让其对学生动作技能的形成产生积极影响。

二、以设计学习为主要内容，贯穿核心概念和思想方法

技术设计是通用技术课程中重要的学习内容，是贯穿必修 1 和必修 2 的核心内容。技术设计的学习过程是学生们明确问题并完成问题求解的过程，是学生感受、体会、理解技术的思想和方法的学习过程。与艺术设计侧重于审美不同，技术设计侧重于功能、结构等内容的设计活动，技术设计与材料、工艺等技术条件密切相关。通用技术课程中基于设计学习的部分，需要合理选择教学载体（设计实践活动/项目），精心规划教学进度，精细管理学生实践活动。要处理好设计过程中的大环节与实践活动所需的具体技术知识（如材料、工艺等）之间的关系，要能在适当的时机提供学习者需要的支持和帮助。

（一）设计学习时重视过程体验

设计要经历发现与明确问题、制定设计方案、模型与原型的制作、测试评估与优化等设计的一般过程。在此过程中学生们将理念和设想转化为方案，完成对问题的理性分析和技术探究，这一过程对学生的问题解决能力和创新能力的发展都有积极的影响和有效地促进。

教学中实施这类学习任务时，要创建一个合乎设计逻辑的解决问题的过程，教学活动的主线要依循技术设计的基本环节和一般程序。

1. 明确问题

定义设计问题，反映设计的需要或希望。

2. 制定设计方案

确定如何满足标准和约束条件，设计几个不同的方案，能用图纸表达方案；分析几个设计方案之间的异同，找出能更好地满足设计标准的最佳方案。

3. 模型或原型制作

开发一个模型来表达设计后的产品性能。

4. 测试、评估与优化

设计测试，为优化设计或新的设计提供有用的信息。

在上述环节中，教师在"明确问题"时要清晰地描述设计背景及设计要求，帮助学生了解即将要经历的学习过程和最终的设计目标。例如，某教师对"工艺表的设计"这一活动的任务描述是：仔细观察工艺表的功能和使用方式后，设计出可满足基本功能（包括独特外观）的工艺表。每人绘制设计草图，利用所给材料制作工艺表并展示作品和设计图。要求主题鲜明，结构合理，能够体现出工艺表的功能，且造型独特，具有美感，板材利用率不低于75%。

再如，某教师在"工艺表的设计"设计分析环节的引导问题是：

● 为谁设计？（使用者的相关信息分析，如年龄、性别、文化、兴趣、生活方式、价值观等）

● 它的基本功能是什么？（表格必须具备的）

● 什么材料适合这种设计？它的外观在功能设计中的作

用？（图形、形状、表面质地、颜色等）

- 这种设计应采用什么样的制造方法？你对这种加工方法熟悉吗？
- 这种设计可能引起什么样的社会影响和环境影响？（健康和安全因素、噪声、气味、美学、污染等）

（二）设计学习中加强评价与优化

设计学习的过程是发现与明确问题、分析与解决问题、不断权衡和优化的过程，是学生感受、体会、理解技术的思想和方法的学习过程。这一过程中教学内容是高度联系的知识整体，而不是孤立的、分割的，不仅仅需要学生记忆概念和事实，还要更多地体现为学生要掌握复杂概念，要能从知识的提取转变为知识的迁移和应用。

强调和重视设计学习中的评价与优化环节，正是为了帮助学生通过反思建构知识，在评价和优化环节梳理和掌握复杂概念，积极掌握技术设计中的过程与方法。

例如，"工艺表的设计"中关于作品的评价：展示自己设计并制作的工艺表，看看它是否达到了设计的目的，回顾设计方案中的要求，对作品进行评价；它应包括设计本身的优缺点、制作的过程中对材料的使用和制作的工艺；可以参考教材"设计的基本原则"分析一下你的作品——设计的基本功能实现了吗？它的外观漂亮吗？符合你的设计对象的需求吗？对尖锐的边缘或者易划破手指的边缘有技术处理吗？结构设计有何特色？我还能怎样改进我的设计？

第六章　通用技术课程"教与学"评价策略指导

　　教学评价是课程实施过程中的重要组成部分。《课程标准》明确指出，"合理的评价可以使学生了解自己在技术学习中的特点、已有的成绩和不足之处，也可以帮助教师调整和改善教学行为，进而促进学生和教师的共同发展"；要"发挥评价的激励、诊断和发展功能"；要体现"过程评价与结果评价相结合""全面评价与单项评价相结合""阶段性评价与日常性评价相结合"；要"发挥不同评价主体在评价中的作用，将教师的评价与学生的自评、互评，校外技术人员的参评等有机结合起来"；"应将核心素养与三个方面（知识与技能、过程与方法、情感态度与价值观）有机融合起来，灵活运用各种评价方法对学生进行全面的评价"；"评价方法多种多样，可以有书面测试、方案及作品评析、过程记录卡、访谈、活动报告等"。而在通用技术课程实施过程中，按照《课程标准》的相关要求，到底应该怎样评价通用技术教师的教学常规工作？怎样评价通用技术课堂教学？怎样评价学生的技术设计作品？怎样评价学生通用技术的模块学业成绩？我们——来探讨。

第一节　通用技术教学需要价值认定

教学评价是教学过程的有机组成部分，是教学管理中不可或缺的环节。通用技术教学评价，应综合运用各种评价方式，注意过程评价与结果评价相结合、全面评价与单项评价相结合、阶段性评价与日常性评价相结合，充分发挥评价促进学生全面发展、帮助教师提高和改进教学实践的功能。

一、现象案例：令人迷茫的评价

一位通用技术教师在一次交流中坦言，由于目前通用技术只作为一门考查科目在实施，所以学校对于这一门课程的课堂效果关注不多，对通用技术课程的教学评价重视不够。部分教师在进行教学总结评价时，主要关注的也是学生知识与技能方面的掌握情况，基本上采用纸笔测验的方法来进行，而每堂课的巩固和总结阶段，教师往往会通过若干试题对本堂课内容的掌握情况进行检测，并以此来衡量教学效果的好坏。部分学校和教师对于到底应该怎样评价课堂教学有些迷茫。

众所周知，科学合理的教学评价可以有效地促进教师的课堂教学。但现实的情况是，部分学校对于通用技术课程意义认识不够，在教学管理上未能像对待其他文化学科一样公平，没有形成相应的通用技术教学评价方案，没有认真去做好通用技术课程的评价工作，通用技术课程被边缘化。

通用技术教学评价不能仅仅指向学生的知识与技能方面，而应更加全面地考量学生的变化——应根据《课程标准》的要求，既关注学生在知识与技能方面的掌握情况，又应重视学生在学习技术课程过程中的表现，以及他们在技术学习实践过程中对技术思想、方法的领悟情况，解决技术问题的能力情况，还要关注学生在技术学习过程中情感态度与价值观的变化。但目前在技术教学评价内容上仅注重学生知识和技能的掌握，而对于学生学习过程中的主动性、合作表现、探究状态等方面则关注不够。

在评价内容上，教师不能因为烦琐、难以操作而忽视对过程与方法、情感态度与价值观的评价。课堂教学中对知识与技能方面的评价，主要是检测学生对本堂课相关内容的掌握情况；对过程与方法的评价，应注重学生在课堂技术活动过程中的学习状况，以及对技术活动过程的体验等；而对学生情感态度与价值观的评价，应着重从学生的学习态度、学习意志、合作能力等方面来考量。

在评价方法上过分注重量化评价，期望所有评价指标都通过量化的方式来进行，这与通用技术的实践性特点是相违背的。学生实践过程中有思维、情感的参与，而这些内容是难以准确定量来进行评价的。因此，评价方法要根据具体的评价目标、评价内容灵活运用多种方式，这样才能对技术教学给予一个完整、客观的评价。

二、通用技术教学的评价有以下几点要注意

（一）正确把握通用技术教学评价方向

1. 确立正确的通用技术教学评价目标

开展通用技术教学评价，目的在于促进通用技术教师主动参与教学研究，促进通用技术教师的专业成长；规范通用技术教师的教学行为，引导教师积极探索科学的教学方法，全面提高通用技术课堂教学效果。

2. 坚持正确的通用技术教学评价原则

（1）发展性原则

教学评价过程应该是教师与同行交流与分享的过程，而不仅是为了给评价对象下精确的结论，它应该对教师的教和学生的学都能起到积极的激励作用。因此，要充分发挥教学评价在促进学生发展、促进教师提高和改进教学实践的功能。要通过通用技术教学评价来发现通用技术教师的闪光点和学生的潜能和特长；要通过针对性的评价来改进教与学，促使教师在课堂教学中充分发挥学生的自主性、主动性和创造性，使课堂教学评价能有效促进教师的专业发展和学生能力的提高。

（2）差异性原则

不可否认，教师处理教材、呈现知识、调控课堂和学生学习、应用技术的能力水平以及发展需求等方面存在差异，通用技术教学评价要正视这种差异。一方面，要通过适时、合理的认可，使每一位教师和学生都能获得成功的体验；另

一方面，要尊重教师在施教和学生在学习、应用技术过程中所表现出来的个性和创造性——对同一教材的不同处理，对同一内容的不同呈现，对同一作品的不同设计思路和不同设计风格，对同一问题的不同解决方案，都应该给予应有的认可和鼓励。

（3）综合性原则

通用技术课程实践性、综合性、创造性的特点，决定了通用技术课程评价方式的多样化。选择评价方式要充分考虑评价目标、评价内容、评价对象等实际情况，综合运用观察、交流、测验、操作、调查、作品评析等评价方式，并且注意过程评价与结果评价相结合，全面评价与单项评价相结合，阶段性评价与日常性评价相结合。

（二）合理确定通用技术教学评价内容

1.学校对通用技术教师教学工作的评价内容

学校应该定期进行通用技术教师的课程实施情况评价工作，其内容应该涵盖教学计划的制订、课时教学方案的制订、课堂教学、教学研究、过程测试与模块测试情况、教学辅导、教学总结等方面，力求综合地、准确地反映通用技术教师的工作情况。

2.通用技术教师课堂教学评价内容

通用技术教师课堂教学的评价内容，可考虑从教学目标、教学策略、教学过程、教学效果四方面设置一级指标。针对教学目标，主要观察教师是否能根据学生认知水平和教学任务，合理确定一节课学生应达成的学习目标，并能准确、清晰地陈述目标，使目标很好地成为教与学的依据。

针对教学策略，可以从以下几方面进行评价：一是处理内容的策略，即能否合理组织教学内容，突出重点、分解难点；二是组织教学的策略，即能否周密地组织学生参与学习过程，充分发挥学习小组的作用；三是选择方法的策略，即能否在调动学生的学习积极性方面着力，采用科学的教学方法，引导学生充分参与教学，自主学习、合作学习、探究学习；四是运用手段的策略，即能否针对学生的学习心理、认知规律以及教学内容和教学要求，恰当地使用教学媒体辅助教学，提升教学效果。

针对教学过程，主要观察与评价教学过程管理和教学氛围情况，即观察与评价课堂教学环节的安排是否合理，能否环环相扣、循序渐进；能否保持合理的教学节奏；能否合理调控课堂，实现师生互动、生生互动，形成和谐的课堂氛围。

针对教学效果，既要关注知识与技能要求的落实情况，又要关注学生的参与状态，以及教学过程中学生领悟方法、分析解决问题能力的形成情况，还要关注学生学习过程中情感态度与价值观的变化情况。

（三）让教学评价成为教学的有机组成部分

教学评价应该融入整个教学过程中。教学设计时，应合理设置教学目标，明确课堂教学的方向。教学目标是一堂课的灵魂，它解决的是课堂教学的方向问题。教师根据教学目标来设计课堂教学活动和实施课堂教学，教学目标不仅制约着教学设计的方向，更决定着教学实施的具体步骤、方法和组织形式。因此，只有制订科学、合理的教学目标，清晰地表述出学生在学科核心素养的五个维度上应该掌握的具体程度与水平，才会有明确、清晰的教学方向，合理、有效的教学方法，灵活、多样的组织形式。

在课堂教学中，要时刻关注学生的状态并及时给予中肯的评价，反馈学生学习过程中的积极态度、思维闪光点，指出其不足与问题，从而使学生在课堂中有持久的参与激情，发挥好评价在课堂教学中的促进作用。

第二节　在评价中完善作品设计

对学生技术设计作品的评价，应充分发挥评价的引导作用，从技术设计作品的创新性、实用性、安全性、美观性和经济性等方面进行全面考察和评价，并且评价方式应该多样。通过作品评价，学生可以充分展示自己设计、制作、优化作品的能力，体验技术实践活动中成功的喜悦，增强学习技术的兴趣。

一、现象案例：精致 = 好？

关于学生的技术作品评价，常会遇到这样两种情况：一种是面对展出的学生作品，经常会听到这样的感叹——这个作品很好，做得很精致。另一种是在对学生技术作品进行评价时，部分技术教师以制作成败为评价的唯一标准，只对已经上交了完整技术作品的学生或小组进行评价，并且也仅仅对作品本身进行评价，而没有对作品构思、设计、制作、优化等过程性方面进行评价。学生在小组内的参与度、小组合作过程中产生的情感碰撞和体验也没有纳入评价之中，而没有上交作品或上交了尚未完成作品的学生或小组，在评价时往往被忽视。

这说明，当前还有部分通用技术教师在学生作品评价内容方面的认识上存在偏差。他们关注的更多是作品的工艺水平，而对作品所包含的技术思想、创新性、实用性等方面则不太重视，甚至不予关注和评价。

技术实践是通用技术教学不可分割的一部分，与之相对应的学生技术作品的评价更是学生技术学习评价的一个重要内容。它主要考查的是学生发现和解决问题的能力，包含了发现问题、构思方案、选取材料、选择工艺、优化测试、说明产品等方面的能力评价。学生技术实践不是简单工艺品的制作比赛，也不是要培养工艺品制作大师，而是希望通过技术设计实践，培养学生的探究能力和敢于创新、善于创造的精神和勇气，使学生的创造潜能得到良好引导和有效开发，使学生的实践能力得到进一步发展。这就要求通用技术教师要充分发挥评价的引导作用。过于注重作品工艺方面的评价，往往会误导学生在技术实践作品制作阶段把主要精力和时间用在工艺加工和外观表现上，而忽视作品的实用性与创新性，这与组织学生进行技术实践活动的初衷是相违背的。因此，对学生技术作品的评价，我们不能只看它的工艺水平，而要从它的创新性、实用性、安全性、美观性和经济性等方面进行全面的考察和评价。

还有一部分通用技术教师过分关注对结果的评价，而忽视了对作品制作过程的评价；重视教师的个人观点，而忽视了评价主体的多元、价值的多向等。在评价主体上，要特别注意不能是老师的一言堂，要注意评价主体的多元性，要把学生的自我评价、小组评价和教师评价有机地结合起来，引导学生树立自评、互评意识，充分体现评价主体的多元、价值的多向，从而有利于提高学生参与技术实践的积极性和主动性，促进学生对技术作品构思、设计、制作、优化的过程进行反思，使评价成为学生自我反思、激励和发展的动力。

学生通用技术作品包括作品实物原型或模型、学生的设计方案、设计草图以及设计的心得体会。与之对应的学生技术作品评价，也应该是一个内容全面的评价。在通用技术教学中，一套科学、合理、全面、有效的学生技术作品评价标准能充分地发挥评价的诊断、激励功能，有效提高学生学习通用技术课程的兴趣和热情，促进学生对技术实践过程进行反思，使评价成为学生自我教育、自我激励的动力，从而有利于培养和提高学生的技术素养。

二、在对学生技术作品进行评价时，应注意以下几个方面内容

（一）正确认识学生技术作品评价的作用

对学生作品的评价，是为了挖掘学生的潜能，肯定学生

的优点，为学生提供展示自己能力水平与个性的平台，鼓励和促进学生的发展。通过作品评价，学生可以充分展示自己作品设计、制作、优化的能力，体验技术实践活动中成功的乐趣与喜悦，增强学习技术的兴趣。因此，教师在评价学生技术作品时，要善于做"伯乐"，善于发现学生技术作品的优点和潜在价值，从而以点带面，有步骤地激励学生、指导学生。教师还要注意在评价时要以肯定为主，不宜过多地批评学生技术作品的缺点，从而保障学生学习的积极性和主动性。通用技术课程具有基础性与通识性，它只是为了提高学生的技术素养，为学生今后融入技术社会打好基础，并非要培养专业的设计人才和专业的技工，所以没有必要把作品评价标准设得过高。

（二）注重学生设计、制作过程的评价

在设计制作实践中，由于受方案设计不够合理或学生使用工具不够熟练等因素的影响，可能会出现设计制作活动没有成功的情况。但是，不成功的设计制作活动不等于没有价值，人们正是从一次次的失败中寻找到成功的突破。有的学生的技术作品，独立地看其技术作品设计的目的性合理，技术设计的方案也可行，技术设计的过程也没有问题，但因为使用工具不熟练而无法制作出满意的作品，这时不能因此而否定学生在这个设计、制作活动中进行实践和探索的过程，以及在活动过程中获得的相关技能、方法、经验和对技术的独特体验等。如果只关注设计、制作活动的最后结果，就会导致学生只关注结果而轻视过程，忽视设计制作活动中出现的问题，这样将使设计制作活动中非常重要的思想内涵被摒弃在评价的视野之外。

注重过程性评价，要将评价融入学生的设计、制作过程之中，根据设计、制作的主题，对学生的参与态度、行为习惯、工具使用、小组协作、交流与分享等方面进行观察，判断学生当前的实践状态，及时肯定学生的发展变化及其优点，指出学生在活动过程中的不足，提出具体、合理的技术设计和制作改进建议；在制定评价标准和确定评价方式时，应注意使评价的过程成为学生学习知识和建构技能的过程，成为展示技术设计、制作活动的经历过程。

（三）评价的角度不能太单一

对于通用技术而言，"作品"只是一个载体，载体的意义在于透过其本身实现教育的目的，而不在于追求它本身的完美。因此，我们在设定评价体系时要多维度地去考虑，切忌只用一两个维度去评价一件学生作品。学生的每一件设计实践作品，都饱含着学生的辛劳与智慧，他们对自己的作品也格外珍惜，因此，教师对学生作品的评价就显得格外重要。但由于每个学生的天赋和水平不同，如何在评价中让每个学生都能体验到成功的喜悦，这就要求我们要从多角度去进行评价。对于评价维度的设计，我们可以从设计方案、设计理念、材料选择、工艺水平、作品外形、作品功能、说明书撰写等方面入手，针对不同作品主题去细化评价的维度。

（四）评价的主体和方式要多样化

要想对学生的技术作品给出一个准确而全面的评价，就要考虑引入多种评价主体。例如，把学生的作品传到网上，参与评价的人通过网络登录到评价系统中，查看学生的作品，并给出评价。这样一来就能发挥多种评价主体的作用，将教师的评价与学生的自评、小组互评、校内外技术人员的评价有机结合起来。评价方式应根据学校和学生的实际情况恰当选择。要注意把定量评价和定性评价结合起来，评价的结果除分值外，还要辅以文字评语，表述出学生作品的优缺点及评分的依据。

（五）注意口头评价和书面评价的结合

书面评价体系做得再全面，它也无法对学生实践过程中的生成性状态及时给出评价。这就要求通用技术教师在组织学生实践活动的过程中，要充分利用口头评价给学生迸发的灵感、参与的实时状态、工具的使用等方面以相应的肯定和鼓励，指出学生的不正确做法。

第三节　全面综合地考查学生的学习状况

通用技术模块书面测试是对学生的模块学习全面考查的重要途径。试题命制要注意与实际生活有机结合起来，要充分体现通用技术课程紧密联系生活实际的学科特点，要注重考查学生全面掌握模块内容基础知识和运用模块基础知识分析、解决技术问题的能力。此外，教师还要从整体上思考测试试卷的结构，以确保测试内容的安排严密、科学。

一、现象案例：复制、粘贴式的测试

在一次通用技术教师交流活动中，谈到学生学分评定时，有教师说："我们对学生进行学分评定的方式就是在期末组织学生进行一次书面测试，学生模块学习的学分即以书面测试的成绩为准，至于测试所用的试卷，则是采取从网上下载试卷进行拼凑的方式来形成的。"对于如何科学地组织好学生模块学习测试，部分教师感到有些迷茫。

目前通用技术课程学生学业评价主要存在以下两个方面的问题：

一是评价方式欠科学。由于部分学校在通用技术课程教学常规管理上不到位，学生学分评定的具体操作中不可避免地出现了一些偏差。《课程标准》明确指出："参与技术课程中某一模块的学习和实践的全过程，技术活动档案袋记录基本完整，方案、作品和书面测试达标，并能完成或基本完成所规定的任务，应视为合格。参加某一模块学习的全过程，取得合格或合格以上成绩者，获2学分。对有特别优秀的设计、制作成果，或有所创新、发明的学生，应给予特别鼓励。"这就要求我们要根据自己学校的具体情况建立一个实用性强、易操作的通用技术课程学分评价体系，对学生的通用技术课程学习状况做出科学的判断。

实际上，随着通用技术课程实施的不断深入，如何评定学生的学分问题也日益受到重视。目前，通常做法是把学生通用技术课程的模块成绩分成课时成绩、设计制作成绩和模块测试成绩三个部分。这种做法值得借鉴，它构建出了通用技术学生模块学习评价的基本框架，我们只需要在这个框架下制定出操作细则便可对学生的学分做出基本合理的评定。

二是编制模块测试试卷时存在一定的问题。由于通用技术课程实施时间较短，在试卷编制方面，能提供借鉴的质量较高的试卷不多，同时教师也缺乏科学命制试卷的经验，这不可避免地会使试卷编制出现一些问题。如上述案例中教师介绍了采用从网上下载内容、拼凑形成试卷的方式。这样编制的测试试卷由于没有经过整体的思考，试卷结构和测试内容的安排欠严密、科学，对学生的模块学习难以全面、准确地考查。一份测试卷中，可能某部分内容考得特别多，而有的内容却没有涉及。再如试卷中的试题可能过于简单，高中学生凭借已有的生活经验和思维判断即能作答并获得高分，试卷没能很好地体现学科特点，不能真正考查出学生的技术素养。

在组织学生的模块学业测试时，命制试题应该考虑到通用技术课程内容的通识性这一特点，因为学生都或多或少具有一定的技术素养，对于教材上的一部分内容，学生根据自己的生活经验即已经掌握。对这部分内容如果命题时不注意变化，就难免变成生活常识题。一份试卷中常识性试题比例如果太高，就失去了考查的意义。目前的现实情况是，通用技术教师队伍中还存在较多兼职通用技术老师，他们除了通用技术教学任务外还承担着其他学科的教学工作或者其他岗位的具体工作，没有太多的时间和精力去研究通用技术测试问题。加之通用技术课程是门新课程，不像其他学科课程已经经历了较长时间的教学与评价的实践过程，在试题命制方面有丰富的参考试题和经验总结。所以，部分教师对于如何做好模块测试自然会感到迷茫。

二、命制通用技术模块书面测试用卷时应该注意以下几个方面

通用技术课程的学科特点要求我们重视过程性评价，但终结性评价也必不可少。两者的功能不同，所发挥的评价作用也不同。过程性评价侧重点是学生学习通用技术课程的学时、学习过程中的课堂表现、作业完成情况、实践活动的参与情况和完成情况等。它强调的是学生学习过程的表现，我们可以通过过程性评价来督促学生积极参与日常学习活动。终结性评价主要是指完成一个模块教学后所进行的通用技术作品的设计与制作考查和书面测试。命制通用技术模块书面测试用卷时应该注意以下几个方面：

（一）以指导意见为依据，全面考查学生

普通高中通用技术模块书面测试是对学生模块学习的一次全面检测，其目的是检验学生掌握模块基础知识、基本技能和运用技术原理解决实际问题能力的情况。因此，模块书面测试用卷对模块内相关技术知识的覆盖面就显得尤为重要。教师在编制试卷时容易出现的问题是——顾此失彼，部分主题内容的考题偏多，而部分主题内容方面又没有试题分布。值得注意的是，一些省市研制了《普通高中通用技术学

业水平考试指导意见》，明确了两个必修模块的考查内容和考查要求。通用技术教师在编制试卷时应深入地研究这一指导意见，然后据此制定出模块试题的双向细目表，再以双向细目表为基础，在考虑覆盖面和重点内容的前提下出题。这样就会比较科学，从而有效避免试卷命制时顾此失彼的问题。

（二）以生活为源泉，高于生活常识

《课程标准》明确指出：书面测试要选取来自生活和社会实际的问题分析、案例分析、产品设计和产品分析等题型，考查学生对技术原理的理解、技术方法的综合应用以及将技能方法迁移到新问题情境中的能力。利用技术知识和技术理论解决实践问题的考查是通用技术书面测试的显著特征。对通用技术的试题命制要把问题置于真实生活情境之中，与实际生活有机结合起来，提炼出它们所包含的技术知识点，使技术测试题源于生活又高于生活，充分体现通用技术课程紧密联系学生的生活实际，努力反映先进技术和先进文化的课程基本理念。而这就要求教师平时要多注意积累，从积累的案例和实际生活中提取我们命题的素材。

（三）紧扣技术素养，凸显学科特点

通用技术课程的培养目标体现了技术性、实践性、应用性等课程特征，相应的测试试卷也要特别注意表现通用技术课程的学科特色，注重考查学生对技术的理解、使用、改进和决策能力，注重考查学生对技术文化的理解、评价和选择能力。技术的创新来源设计，通用技术课程对学生设计能力的培养是这门课程所特有的。通用技术课程的学科特色要求其测试试卷也要关注到学科的这种特殊功能，设计相应的试题考查学生利用设计知识从不同角度探究解决问题方法的能力。通用技术课程目标只要求学生学会或掌握一些通用技术的基本知识和基本技能，掌握技术及其设计的一般思想和方法。高中阶段的通用技术教育的课程目标决定了通用技术课程的基础性，这与职业院校的专业培训是有区别的。因此，通用技术模块考查也要注意基础性，注意在确保其技术性得到体现的同时与职业教育的技能考核区分开来。

第七章　通用技术课程教学资源开发与利用

　　《课程标准》针对通用技术课程资源的利用与开发明确提出如下一些具体建议与要求："课程标准和据此编写的教材是通用技术课程最基本的文本资源。""要把教材作为重要的课程资源。""要积极建设和有效利用物质资源。""要充分利用各种网络为通用技术课程教学服务，引导学生学会合理选择和有效利用网络资源，同时也要积极参与网络的建设。"在通用技术教学设计与实施过程中，教师们也真切地体会到，深入研读《课程标准》和教材，准确把握教学目标与教学内容体系，灵活运用各种教学资源，可将一些抽象的技术概念与原理转化为直观、形象的技术学习过程；能将教材所呈现的静态教学内容转换成为一个个让学生参与的动态的活动过程；能丰富教学内容、激发学生的学习积极性；能更好地帮助学生认识技术问题，领悟技术的思想方法，形成分析、解决技术问题的能力，获得更好的教学效果。教师在收集、开发、整理、利用教学资源的过程中，也能进一步开阔自己的视野，体现自己的创造智慧，提升自己的专业素养。

第一节　适宜的资源是有效教学的重要保证

通用技术课程实施过程中，将教材所承载的静态知识转换成学生活动的动态过程，教学资源所起到的作用至关重要。通用技术教师应具有相应的教学资源意识，了解教学资源的基本类别，充分认识教学资源在丰富课程教学内容、转变学生学习方式、提升教师专业素养等方面的积极作用。

一、现象案例：效果截然不同的两堂通用技术课

有这样两堂主题为"技术的价值"的通用技术课。其中一位教师基本上采用讲授的方式，按照教材编排的内容顺序从头到尾进行讲解。教师讲得非常辛苦，学生却学得毫无兴趣，或无精打采，或干脆做其他事情。而另一位教师在上这一节课时，除了引用教材中出现的案例，还针对教学内容，展示了头盔、三种穿针器、石块、核桃夹、开瓶器等实物，并结合房屋、药品、多媒体、都江堰、三峡水库等案例。教学过程中，该教师或让学生观察思考，或让学生进行讨论，学生学得兴趣盎然、全神贯注，绝大多数学生经过这一内容的学习，形成了"技术的产生源于人类的需要""技术具有保护人、解放人、发展人的作用""技术促进了社会生产发展、推动了社会进步、改变了社会生活方式、丰富了社会文化""技术可以使我们合理充分地利用、改造自然，与自然

保持和谐共处的友好关系"等认识。

　　同样的教学内容，教学方法不同，教学效果完全不同。案例中基本按照教材编排的内容顺序从头到尾讲授的教师，在教学设计时没有考虑到运用相应的教学案例，只是照本宣科，教学方法单一、形式呆板，缺乏用于教学的案例资源载体，学生也只能被动地接受来自教师的信息，缺乏观察、思考、讨论、评价等过程，教学自然不可能取得好的效果。而另一位教师则明显具有新课程理念所倡导的教学资源意识，他在教学设计和课堂教学过程中，认真地研究了教材所呈现的教学内容，针对理论性较强的"技术的价值"这一内容，密切结合学生日常生活中的实际技术案例和社会、科技方面的典型案例，依托这些鲜活的案例，将教材所呈现的静态的教学内容转换成一个个让学生参与的动态的活动过程，充分激发了学生的学习积极性，所以能取得了良好的教学效果。

　　对各种教学资源灵活运用，将抽象的理论知识结合案例、教具、学具等教学资源来进行学习，更为直观、形象，能起到事半功倍的效果。所以，教学效果的好坏与教师是否重视并合理使用教学资源密切相关。在传统教学中，教材是最主要的课程资源，教师只要按照教学大纲来明确教学目标，确定知识点，按教材的内容备课，在课堂上完成知识的传授过程，即可被认为是一个好教师。新课程理念下的课堂教学，教师要以《课程标准》为指导，精心设计教学活动，从课程计划的"执行者"角色向课程的"设计者"角色转变。造成上述两种教学情况差别的根本原因是，教师在教学理念上以及教学资源利用能力上的差异。

技术与生产、生活是息息相关的，在新课程实施尤其是通用技术教学中，教师需要具有相应的教学资源意识和开发、利用教学资源的基本能力，能够联系学生生活实际开发和利用课程资源，以充实、丰富的教学内容，满足学生个性发展的需要。教师要改变以往过于注重教科书、机械训练的倾向，加强课程内容与现代社会、科技发展与学生生活的联系。

二、现象案例：教学过程中的教学资源运用

"稳固结构的探析"主要包括"结构的稳定性"和"影响结构稳定性的主要因素"两部分内容，是"结构与设计"主题的教学重点，也是教学难点。一教师在教学内容安排上由学生熟悉的事例引入，在对案例进行分析的基础上，厘定"结构的稳定性"的基本含义，总结出"重心位置、结构与地面接触所形成的支撑面的大小"等影响结构稳定性的主要因素。通过这一内容的学习，使学生明确结构的稳定性的含义，理解并掌握影响结构稳定性的主要因素，为结构的强度、结构的设计等内容的学习奠定基础。整个教学经历了案例导入→建构知识→运用拓展三个阶段，具体教学过程是：教师在举出若干因为不稳定而翻倒的事例之后，引出本节课的教学主题：稳固结构的探析——结构与稳定性。在对案例进行分析的基础上，师生共同对结构的稳定性做出定义；然后通过盒子的不同摆放方式——装有金属的盒子与空盒子组合的稳定性探究试验，师生共同总结出"结构稳定性与重心位置

的高低有关，其他条件相同的情况下，重心位置越低，结构越稳定"；再通过搭建不同样式的桌子的探究试验，引导学生认识到"结构的稳定性和结构与地面接触所形成的支撑面的大小有关，其他条件相同的情况下，支撑面积越大，结构越稳定"。在让学生对"影响结构稳定性的主要因素"有了基本认识之后，教师再给出生活中有关稳定性的具体案例，让学生进行讨论分析，促使学生将所学到的知识进行灵活运用，以巩固知识，提高分析与解决问题的能力。

在这个教学案例中，该教师有效地运用了各种教学资源，如积木、垃圾篓、因货物堆得过高而翻倒在地的货车、特制的完全相同的长方体、砖、比萨斜塔、篮球架、高跟鞋，并组织学生利用实验室已有的套件制作桌子模型，还为各组学生提供胡萝卜和牙签，让学生自己去搭建一个尽可能高的稳定结构。

整个教学过程，由于该教师选择、运用了丰富的教学案例资源，让学生针对案例进行分析、讨论、总结、表达，充分激发了学生的学习兴趣，使学生活动充分，教学目标有效达成。

三、关于教学资源，我们应从以下两方面来认识

（一）教学资源的基本类别

教学资源的概念包含着非常丰富的内容，通常是指为教学的有效开展而提供的素材等各种可被有效利用的条件——既包括教材、案例、影视、图片、课件等，也包括教师资源、

教具、基础设施等。这里所指的教学资源特指直接用于通用技术课堂教学的文本类资源、基于计算机和网络的教学资源，以及教具、学具等方面的资源。

1. 文本资源

最根本的文本资源就是《课程标准》。《课程标准》是技术课程教学设计和教学实施过程中参照的最基础的文本资源，是技术课程教学的重要依据。教师要以《课程标准》为依据，把握课堂教学的深度和广度，设计与实施教学过程，确保教学的针对性和有效性。

教材是教学活动最好的依托。教材是由众多专家学者以及优秀一线教师按照《课程标准》要求，经过反复研究所编写的文本资料。教学设计与教学过程都要立足和挖掘教材，深入研究教材的编排体系，认识教材内容的知识线索，利用好教材中的案例。

其他相关的专业书刊也是可利用的文本资源。通用技术课程是一门涉及多个学科知识、具有很强的综合性和实践性的课程，而目前大部分通用技术教师是从其他学科转岗而来，因此，面对这样的一门全新的课程，通用技术教师应利用业余时间来查阅相关专业书刊，以丰富自己的专业知识，提高自己的专业技能。

2. 基于信息技术和网络的教学资源

随着信息技术以及网络技术的普及，基于信息技术及网络应用的教学资源越来越多地为人们熟悉和接受，教学资源的类型越来越完善，教学资源的内容也越来越丰富。在通用技术课堂教学中，经常使用到的基于信息技术和网络的教学资源有图片、视频、PPT 课件和 CAD 软件等。在通用技术课堂中，常以图片、视频等方式来呈现技术案例，结合案例引导学生讨论分析，找出其中的技术问题和解决问题的办法。

3. 教具、学具

教具是指为学生提供感知材料的实物、模型、图表等教学用具。学具是指在一定的教育理念和方法的指导下所设计的，带有一定教育信息的教学材料和器具。将教具、学具合理地运用于通用技术课堂教学中，能让学生从被动地听到主动地学，充分地调动学生的各种感官参与教学活动，让学生去感知形象直观的事物，获得感性知识，形成知识的表象，并引导学生积极探索，从事物的表象中概括出事物的本质特征，使学生能自己建构知识；能培养学生发现知识的内在联系，形成良好的认知结构等获取知识的能力，有助于提高学生解决实际问题的能力；还可以提高学生学习通用技术课程的兴趣，培养学生的合作意识、动手操作能力和创新意识，有助于开发学生的智力。如在讲"结构的稳定性"时，即可选择"人字梯"作为教具、学具，以此为载体来研究结构的稳定性。

（二）充分认识教学资源的作用

1. 丰富课程教学内容

教学资源的合理使用可以使教学过程更加直观、形象，能丰富教学内容，降低某些内容的学习难度，有助于学生认识技术问题，更好地领悟技术的思想方法，形成分析、解决技术问题的能力。当前通用技术教学资源还欠丰富，如何利用现有的环境与条件，开发和利用通用技术教学资源，已成为每一位通用技术教师必须面对与解决的问题。通用技术教师要自觉树立教学资源意识，随时注意通过各种方式收集与课程相关的教学资源，并对所收集的资源及时进行分类整理，以便教学设计时能随时取用，在教学过程中能有效运用。

2. 转变学生学习方式

为充分培养学生的创新意识与实践能力，教师必须改变传统的灌输式的教学方式，更多地采用启发式、探究式、讨论式、参与式教学，充分激发学生的好奇心，为学生营造一种独立思考、自由探索的良好环境。要让学生主动参与、探究发现、交流合作，就必须开发利用各种教学资源，为学生的探究性、参与式学习提供条件和保障。而通用技术课程的独特性，实际上又使其拥有非常丰富的教学资源，如学校中可利用的教学资源，有实验室及相应的仪器设备、技术类图书及报刊、技术教学挂图、音像资料等，以及学校建筑设施本身等。从各种媒体中也可获得更广泛的技术教学资源。利用好通用技术课程教学资源，可以帮助我们超越单一的教材文本内容，将师生的生活经验融入教学过程，让教学"活"起来，从而有效地改变学生在教学中的地位，从被动的知识接受者转变为知识的共同建构者，有效地提高学生的技术核心素养。

3. 提升教师专业素养

较强的教学资源意识和开发利用教学资源的能力是教师

专业素养中所必备的素养之一。通用技术教师在收集、整理、开发、利用教学资源的过程中，能开阔教育视野，促进教育观念的转变，也能更好地激发、体现与展示创造智慧，使其专业素养得到更好的提高。

第二节　让资源更有效地服务课堂教学

在通用技术课程的实施过程中，应根据教学内容及目标要求，精心思考教学过程所需的教学资源：或教师自己动手设计，制作能体现教学内容的教学资源；或利用经过整理的教学资源。总之，要结合教学需要，适当选取，灵活使用，让教学资源更好地为教学服务。

一、现象案例：技术案例的不当使用

一位通用技术教师在一节"典型结构欣赏"的公开课中运用了桥梁、建筑、椅子等大量的图片资料，仅作为欣赏用途的幻灯片就有 50 张之多，他还选用了很多建筑结构图片来讲述如何进行结构欣赏。在整节课中，学生都在看老师放幻灯片，几乎没有独立思考的时间。而另一位教师在教这节课时，运用了一段国家大剧院的建筑视频资料，该视频资料从国家大剧院的设计开始，讲述了设计国家大剧院时所考虑的因素，施工时遇到的难题和设计团队的解决办法，以及一些施工技术和设计特点。整个视频用时约

38分钟，从技术欣赏的角度来看，这是一段非常适合欣赏典型结构的教学视频，但教学效果却不好，学生并没有学会如何去欣赏结构。

案例提醒我们要注意教学资源的合理运用。案例中的教师在选用与典型结构欣赏有关的教学资源时，被各种各样的典型结构图片所吸引，以致觉得图片所展示的建筑结构都好，都想放到课堂教学中，却未能考虑到在有限的教学时间内，只能选取其中最具典型性的若干结构作为学习内容，并且教学过程要留给学生充分的思考时间。所以，这节课的主要问题是案例未经精心选择，出现案例堆砌的问题。

教师必须清楚教学资源是为教学服务的，是为了帮助学生更好地学习，如果不加选择地使用，则反而会影响教学的效果。新课程倡导在教学过程中，学生的学习应尽可能采用自主学习、探究学习和合作学习的方式，如果没有留给学生充分的时间去思考、讨论、探究，教学就不可能充分发挥学生的自主性，学生也不可能真正自主地建构相关的知识。

还有少部分通用技术教师在获取一些资源后，往往不经过任何技术处理，直接拿来就在课堂教学中使用，很少甚至没有考虑学生的基础与实际、教学内容的需求，以及技术学科的特点。在案例中，第二位教师选用的视频资源展示长达约38分钟，占用了大量时间，资源展示成了课堂的主体部分，使教学偏离了教学目标和教学重点，课堂留给学生的只是表面的热闹，难以获得良好的教学实效。

二、正确地开发与利用教学资源，应该注意以下三个方面

教学资源的合理开发与利用，是课程实施的重要环节。在通用技术课程的教学过程中，应准确把握课程的教学目标和性质，并且对教学资源的开发与使用问题做深度思考，让教学资源更好地为教学服务。正确地开发与利用教学资源，应该注意以下三个方面：

（一）自己动手制作教学资源

很多时候，当我们面对一大堆通用技术课程教学资源时，却找不到真正适合自己教学需求、符合技术知识、学生学习、通用技术教学载体要求的资源。另外，通用技术课程现有的教学资源还较为缺乏，许多教学资源都是从职业教育的角度开发出来的，应用于通用技术教学的则过于专业、复杂，通用技术教学要求的技术要素体现得也不够突出。还有的教学资源是以前劳动技术教学时留下的，它重视劳动技能的获得与形成，用它作为通用技术教学资源，尽管能让学生充分体会技术的形成过程，但也需要消耗和占用大量的教学时间，会严重影响正常的通用技术教学时间及效果。因此，最好的方式是教师自己动手、自主设计，制作能体现教学内容的教学资源。当然，我们也可以对装备的通用技术教学资源及以前的劳动技术教学资源进行改造与整合，如截取劳动技术教学实践活动中的某个（某段）实践环节作为通用技术教学资源。

（二）注意收集、整理教学资源

网络技术的便捷性让资源异常丰富，适合通用技术教学用的教学资源也随着课程建设向前推进而日渐丰富起来，但这并不意味着所有的教学资源就可以拿来直接使用。教学资源的使用不仅与教师的教学风格、专业基础有一定的关系，同时，更重要的是要考虑学生的基础及差异性。因此，需要对教学资源进行精心地整理，以确保使用的资源具有实用性。很多教学资源需要我们去粗取精、抓住重点，把那些无关的或不重要的部分删除，留下需要的、重要的部分。在取舍一张图片、一段视频或一个实践活动时追问自己，我们通过这张图片、这段视频或这个实践活动，要给学生传递什么信息，让学生明白什么技术原理，或向学生抛出什么技术问题，以确保教学资源在教学过程中的实用价值。

通用技术教师要特别留意身边的教学资源。我们只要细心地观察，就会发现其实很多教学资源就在我们身边。比如，市场上有一种不用电池的手电筒相当流行，使用也很方便，且发出的光很亮。它是利用线圈切割磁力线产生电流（即发电机原理），然后将电能储存在电容里，点亮发光二极管而成。这就是一件很有意义的实物教具，也是一个很有价值的教学案例，可让学生们通过观看实物、动手操作，清晰地了解到科学转化为技术，进而产生生产力的道理。

（三）科学合理地选择与使用教学资源

教学资源只有结合需要适当选取、灵活使用，做到恰到好处，才能获得最佳教学效果。要按照技术性、趣味性、代表性和通俗性等特点，科学合理地选择教学资源，避免教学过程中由于教学资源的简单堆砌导致的教学低效甚至无效。

1. 技术性

所选择的教学资源要有一定的技术含量或一定的技术元素，即要用技术的方法解决技术问题。因此，通用技术教学中的案例，无论是图片的、视频的，还是实物的，都应该突出资源的技术要素，同时还应该考虑技术要素要符合教学需求。

2. 趣味性

兴趣是最好的"老师"。这位"老师"能充分调动学生的学习积极性，使学生注意力集中，从而产生较好的教学效果。在选择教学资源时，应注意其趣味性，要以学生喜闻乐见的方式来呈现载体，让学生在快乐的学习过程中，领悟技术的思想与方法，理解、掌握技术的相关原理。

3. 代表性

同一个教学内容往往有多个教学资源可以选择，如"典型结构的欣赏"中的古、现代建筑等，都可以找到很多图片和视频资源，但如果要选择一个或几个典型结构作为通用技术教学案例，则需要再三权衡——既需要从时间上考虑案例的典型性、代表性，还需要从技术基础、地域、文化等方面考虑案例的代表性。

4. 通俗性

在通用技术教学中，选择、使用教学资源的目的是帮助学生更好地学习技术、理解技术，增加技术课堂的直观性，提升技术课堂的教学效率，因此，选择教学资源应该以直观、通俗易懂为前提，而不宜选择技术难度高、技术流程复杂的教学资源。如果教学中能够用一张图片说明问题时，就不宜再选用视频。

　　在通用技术教学中，为增强教学的有效性，经常会用到学具。而对学具的使用，应注意在动手操作前，教师要让学生选择恰当的学具，还要让学生明白要解决的问题是什么；教师要引导学生自己探究解决问题的方法，还要教给学生必要的操作步骤并指出注意事项。动手操作过程中，教师要指导学生从具体操作中分析、比较、概括出结论，还要组织学生就其中的技术问题进行讨论。动手操作结束后，教师要对学生的动手操作过程和结果做出精要的评价。

第八章　通用技术教师专业素养提升

　　要实现通用技术课程的有效教学，让课程实施成为提高学生技术核心素养的有效平台，其前提是通用技术教师应具有良好的专业素养。这就需要从事这门课程教学的教师热爱通用技术教育这项工作，具有践行通用技术教育的责任感和使命感，能认识到通用技术教育的价值，能主动地发现和充分地享受通用技术教育的职业幸福，并把这份情感内化为工作热情和自我主动发展的内驱力。同时，还需要教师具有相应的基本知识和技能。尽管这是一些基本的专业素养，但对于来自不同学科专业背景的教师来说，尤其是对于刚刚执教这门课程的新教师来说，仍然需要做出很大的努力。本章将针对"通用技术教师应该具备哪些专业素养"和"通用技术教师怎样实现专业成长"两个问题展开探讨。

第一节　做有技术专业内涵的教师

　　良好的专业素养是通用技术教师做好本职工作的前提条件。通用技术课程的有效实施，需要通用技术教师具备丰富的通识性知识、本体性知识、实践性知识，具备熟练的专业技能和优良的专业品质。

一、现象案例：新入职教师的困惑

几位刚入职的年轻通用技术老师在一起交谈时反映，虽然在大学里比较系统地学习了教学理论，但真正走进课堂却常常感到不知道在课堂上该讲什么、讲多少。再看经验丰富的老教师的课堂上，则呈现出热烈的气氛、活跃的场面。教师从容自然，学生们积极参与，教师教得轻松，学生学得愉快而扎实有效。同样的教学主题，基本相同的教学过程，从教学内容的确定、教学环节的设计到课堂与课后练习的安排，新教师都基本参照经验丰富教师的做法，但仍感到难以达到经验型教师的那种课堂效果。尽管教师教得很辛苦，但总是难以将学生的积极性调动起来，课堂缺乏活力。所以，他们非常希望得到经验丰富教师的具体帮助与指导，以便能认清自己努力的方向，更快地成熟起来。

不仅刚入职的青年教师如此，甚至具有多年教学经验的老教师在面对这门全新的课程时也存在同样的问题。目前，学校的通用技术教师多从物理、信息技术、劳动技术、化学、生物等学科转岗过来，多数老师都是刚接触这门全新的课程。通用技术课程中的技术设计、技术文化、技术试验、技术产品制作等方面的全新知识，迫切需要他们去学习与积累。通用技术教师要根据实际教学的需要，认真研读《课程标准》，细致阅读教科书和教师教学用书，领会和把握教学的重点、难点，熟练掌握教科书的内容体系，有计划、有步骤地学习一些有关技术与设计的专业理论知识。

就通用技术课程而言，课程的综合性、实践性的特点对教师的素养又提出了特别的要求。通用技术教师除了应具备教育学、心理学知识和较为丰富的人文与科技知识外，还应对工业设计相关知识有基本的了解，对通用技术课程理念和通用技术教学策略有所掌握，并具有进行教材处理、教学设计、课程资源开发和运用现代教育技术的技能，以及较强的技术设计分析能力和设计与制作方面的动手操作能力。

这几位青年教师所遇到的问题在某种程度上也是青年教师成长过程中的共性问题——刚踏上教育岗位的时候踌躇满志，但真正走进课堂却发现，要做好教学工作并不是一件容易的事情。年轻教师要做好教学工作，需要一个持续不断地学习、研究与积淀的过程。在此过程中不断丰富自己的学识，不断提升自己的专业素养。教师深厚的专业底蕴是做好教学工作的基础，良好的专业素养是教师做好本职工作的前提条件。

二、通用技术教师应具备哪方面技能

（一）扎实的专业知识

1. 通识性知识

通识性知识是指教师拥有的能有效开展教育教学工作的普通文化科学知识。通用技术课程具有高度的综合性，是对学科体系的超越，它强调各学科、各方面知识的联系与综合运用。所以，通用技术教师需要有与高中通用技术课程内容密切联系的基本的数学、物理、化学、生物、历史、美术、社会、经济、法律、环保等方面的知识；了解最新科学技术和社会科学方面的信息与研究成果；还应有基本的教育科学理论知识，如教育相关的基本法律法规、现代教育教学基本理论、教育心理学理论、课程标准、教学方法、教材、教学评价、资源开发等方面的知识。通用技术教师掌握了通识性知识，则可以更好地满足学生的探究兴趣与多方面发展的需要，帮助学生了解丰富多彩的世界，也能够帮助自己更好地运用教育科学知识融会贯通地理解所教学科的内容，促进自身实践性知识的形成。

2. 本体性知识

本体性知识即通用技术学科方面的知识，既涉及技术本身所包含的知识，如工具使用、材料选择与加工、产品设计、制作工艺、过程控制、产品检测、试验与保养，也包括关于技术的知识，如技术的本质、技术的价值、技术的伦理、技术的决策与管理、技术与科学和社会的关系，以及如何学习技术等。教学活动以本体性知识的传授为基础，因此，教师对于本体性知识的掌握情况在一定程度上决定了通用技术教师专业教学能力的高低。

作为通用技术教师，需要对本学科的基础知识有精准的理解，既要了解技术学科的发展历史，又要随时把握技术学科的发展趋势，了解推动技术发展的因素和该学科对社会、人类发展的价值，掌握本学科所提供的独特的认识世界的思维方法。

通用技术课程的选修内容涉及电子控制技术、工程设计基础、机器人设计与制作、现代家政技术、服装及其设计、智能家居应用设计、职业技术基础、技术与职业探索、创造力开发与技术发明、科技人文融合创新专题、产品三维设计与制造等众多领域。通用技术教师应掌握其中一门或多门专业领域的基本框架和核心知识，并以一门专业知识为核心，向其他知识领域迁移，逐渐扩大知识的获取范围。这对构建教师新的知识结构、实施有效教学，将起到积极的作用。

3. 实践性知识

这是一种以实践性问题解决为中心的综合性知识，是作为隐性知识发挥作用的，任何教师都只能通过日常教学的实践过程，由自己建构、创造与反思才能形成这种知识。在通用技术教师的专业知识结构中，实践性知识是至关重要的，而实践性知识只能在实践中获得。优秀的通用技术教师，无一例外的都是在担任通用技术教师的过程中，经过课堂教学、虚心学习、深入研究和自觉反思等实践过程，才逐渐获得通用技术教师应具有的丰富的实践性知识，才得以把多方面知识转化为通用技术教育的专业素养和教学智慧。

（二）熟练的专业技能

优秀教师必须具备从事教学工作的娴熟的专业技巧与较强的专业能力。具体来说，要具有教学设计技能，针对教学内容能够合理地确定教学目标，正确地选择教学策略，科学地设计教学过程；要具有运用教学媒体技能，能够灵活熟练地运用现代教育技术辅助教学，使教学更加直观生动，从而提高教学效率，增强教学效果；要具有课堂教学技能，发挥好教师的主导作用，采取科学的教学组织形式，采用灵活多样的教学方法，充分调动学生学习的积极性，促进学生主动地、生动活泼地学习；要具有组织、指导学科课外活动的技能，促使学生有效运用所学知识与技能，针对自己确定的问题展开探索研究，提高分析问题、解决问题的实践能力；要具有学业质量评价技能，树立以评价促进发展的思想，正确地选择评价方式，科学地设计评价工具，做好学生评价工作；要具有教学研究技能，能够敏捷地捕捉教学中有价值的问题，进行深入研究，寻找出问题的实质和解决问题的科学办法；还要有设计与制作所需的基本的动手操作技能，实践性是通用技术课程的一大特色，通用技术教师应具备草图绘制、简单物品三视图、机械加工图读图与作图、制作与工艺加工等过程的基本动手操作技能，这样才能在教学中有效地示范和指导。

（三）优良的专业品质

通用技术教师的情操、人格特征不仅能对学生知识技能的形成产生影响，而且会对学生的人格、行为以及信仰产生深刻的影响。通用技术教师的专业品质主要体现在教师对通用技术教育的热爱、对通用技术教育的科学态度、对学生的关心以及不断学习的态度等方面。通用技术教师应树立专业理想，拥有通用技术教育的责任感和使命感，能正视课程实施过程中的挑战和困难，积极解决课程实施中所遇到的问题；应具有良好的敬业精神，正确认识到通用技术教育的价值和发展前景，能发现和享受通用技术教师这一职业的幸福，热爱自己的通用技术教育事业，并把这份情感内化为做好这份职业的热情，转化为一种主动自我发展的内驱力，德才兼修、教学相长，在做好教学本职工作的过程中逐步提高自己的专业水平。通用技术教师要着眼于培养学生的技术素养，集中精力做好教学内容与方法的研究，把智慧凝聚在教书育人上，且要具有公正、宽容和关爱学生的品格，平等对待教学中的每一个学生，以自己良好的专业素养和优异的教学效果来赢得学生的尊敬和学校、社会的尊重。

第二节　做有动手实践操作技能的教师

通用技术教师需要具备规范操作常用工具和设备的技能，才可能在学生技术设计实践过程中发挥应有的指导作用。为此，通用技术教师要通过培训、自我学习与自我训练等方式，逐步提高自己的设计能力和动手操作的基本技能。

一、现象案例：一个印象深刻的通用技术活动场景

某教师在执教题为"技术与设计的关系"研讨课时，准备了三块规格相同的木板、一个小改锥、一个手摇钻和一个电钻。在引入课题后，这位教师非常熟练、标准地操作工具，给学生示范小改锥、手摇钻和电钻的操作要点，并讲解使用这些工具的注意事项，然后再由三个学生（故意选一个女生

用电钻，两个大个子男生用小改锥和手摇钻）上来分别给每块木板钻孔。这一过程中，三个学生按照教师的操作要求给木板钻孔，其他学生则全神贯注地观察他们操作的过程。活动结束后，师生针对钻孔过程是否费力和钻孔速度的差异展开了热烈的讨论，很快就形成了"设计促进技术的革新""技术发展制约着设计的发展"的认识。这一教学过程和这位教师熟练的操作技能给听课老师留下了非常深刻的印象。

案例中这位教师的这堂课上得很成功，但能像他这样精心设计实践环节，并且自己具有较强的动手操作技能的老师还不是很多。虽然经过这么多年的教学实践，教师对于通用技术课程的实践性特征也都有较为深刻的认识，但总体上通用技术教师的基本动手操作技能还有待加强。

作为通用技术教师，虽不可能也不需要成为各个工种、工艺的行家里手，但要具备常用工具和设备的规范操作技能，否则在学生进行操作实践活动时无法发挥教师应有的指导作用。同时，教师还需要具有一定的操作实践活动的组织和指导能力，能针对预设的教学要素进行操作的准备、组织、引导和指导工作。从这堂课我们可以看出，授课教师无论是在基本动手操作方面，还是在操作实践的组织和指导方面，都表现出良好的技能，这些技能在课堂教学中起到了很好的作用。

二、通用技术教师应不断提升设计能力和动手操作基本技能

作为一名通用技术教师，我们要通过培训、自我学习与

自我训练等方式，不断提升自己的设计能力和动手操作基本
技能。

（一）设计能力

（1）通用技术教师应能够使用图形语言，准确表达简单
实物；学会绘制简单的三视图、电路图和草图，学会识读一
般的机械加工图、效果图和线路图，能够看懂或设计简单的
电路控制图。

（2）要有意识、有针对性地去了解一些典型产品的设
计过程，增强感性认识，了解和掌握其设计的一般过程、方
法与步骤，体会优化设计的思想，并搜集和学习有关设计的
专业理论知识，如机械设计、工程力学、液压原理、电力控
制等。

（3）能熟练掌握和运用计算机相关软件如 CAD 等，进
行二维、三维的制图设计。计算机设计能大大激发学生的学
习欲望与热情，也能体现设计的高效、快捷和高质量，通用
技术教师可上网搜索相关视频教程进行学习。

（二）基本动手操作技能

1. 工艺在技术活动中的重要作用

工艺是人们利用工具、设备对原材料或半成品进行技术
处理，使之最终成为产品的方法和过程。常见的工艺有材料
的加工工艺、装配工艺、检测工艺、表面处理工艺等。

2. 手工工艺及工具使用技能

学生的技术设计制作大多数情况下离不开手工操作，工
具不同，加工方法也不同。通用技术教师可到互联网上搜索

钳工工艺、木工工艺、电工工艺等相关视频资料，详细了解每种工艺的特点、操作方法、如何安全使用工具等。

通用技术教师应掌握以下几种最基本的常用工具操作要领。

（1）钢丝钳的使用

操作要领：

● 使用前，必须检查绝缘柄的绝缘性能是否良好；

● 剪切带电导线时，不得用刀口同时剪切相线和零线，或同时剪切两根导线；

● 钳头不可代替锤子作为敲打工具使用。

（2）验电器的使用

操作要领：操作时，手指必须触及笔尾的金属体，电流经带电体、验电笔、人体、大地形成回路，氖管才能发亮。操作时，人体任何部位不要碰及验电笔前端金属部分，以免产生触电事故。

（3）锯的使用

首先要根据材料的性质选择木工锯或金属锯。掌握锯的操作要领，既能提高功效，也能提高工艺质量。

①操作要领：

● 锯条的安装：安装锯条时松紧要适当，过松或过紧都容易使锯条在锯削时折断。因手锯是向前推时进行切削，而在向后返回时不起作用，因此安装锯条时一定要保证齿尖的方向朝前；

● 工件的装夹：工件应夹在虎钳的左边，以便于操作，同时工件伸出钳口的部分不要太长，以免在锯削时引起工件的抖动，工件夹持应该牢固，防止工件松动或使锯条折断；

● 起锯：起锯是锯削工作的开始，起锯的好坏直接影响锯削质量。起锯的方式有远边起锯和近边起锯两种，一般情况下采用远边起锯，因为此时锯齿是逐步切入材料的，不易被卡住。

②锯削操作时的注意事项如下：

● 锯条要装得松紧适当，一般锯削速度为 40 次／分左右。锯削时不要突然用力过猛，以防止工件中锯条折断从锯弓上崩出伤人。

● 工件夹持要牢固，以免工件松动、锯缝歪斜、锯条折断。

● 要经常注意锯缝的平直情况，如发现歪斜应及时纠正。歪斜过多纠正困难，不能保证锯削的质量。

● 工件将锯断时压力要小，避免压力过大使工件突然断开，手向前冲造成事故。一般工件将锯断时要用左手扶住工件断开部分，以免落下伤脚。

● 在锯削钢件时，可加些机油，以减少锯条与工件的摩擦，提高锯条的使用寿命。

（4）钻孔工具的使用

操作要领：根据需要加工孔径的大小，更换符合要求的钻头，检查电源开关是否完好。把需要加工的材料在钻台上放好（对好距离），然后夹紧，调整好转速。继而打开电源开关，抓住控制柄（或摇臂），慢慢下移到加工件上，下压钻孔到一定要求后慢慢上提到转头复位。

（5）锉的使用

锉是用磨削的方式使金属材料获得预定的几何形状、表面质量及较高尺寸精度的加工方法。锉有粗锉、精锉之分。锉刀按断面形式可分为平锉、方锉、三角形锉、圆锉等，可根据加工形状合理选取锉刀。要注意锉刀左、右手的握法，防止锉削过程中不良习惯的形成。

3.机械加工工艺及工具

这是用电动设备对材料进行加工的制作方法。学校配置较为典型的工艺设备如下：

（1）台式钻铣床及工艺

该工艺指可以用钻头加工直径 16mm 以下的小孔和用铣刀加工平面、键槽的方法。加工时要确保工件的安装定位正确，要学会刃磨钻头，并注意操作安全。

（2）微型金工车床

该机器主要用于加工小直径类的轴类、套类零件，以及轴类零件外螺纹。加工时要注意夹具的使用规范及工件的安装定位正确，要学会刃磨车刀，并注意安全操作。

第三节　技术教师的专业成长之路

要提高通用技术课程的实施质量，前提是通用技术教师实现专业成长。这就需要通用技术教师热爱学习，并能坚持不懈地自我学习；积极参加各种培训活动，努力提高自己的专业水平；让教学研究成为教师自己的一种职业生活方式；虚心请教，严格、规范地训练，熟练掌握基本的动手操作技能；认真分析和总结自己的教学工作。

一、现象案例：一位优秀通用技术教师的成长经历

自通用技术课程开设以来，在日常的教学调研与研讨活动中，我们能够真切地感受到通用技术教师个人的专业发展水平有着明显的差异：一部分教师觉得通用技术课程不是高考科目，不受重视，因此，只是按照学校的教学基本要求完成教学任务，对自己的专业发展前景也感到困惑；更多的通用技术教师则立足本职岗位，在认真做好日常教学工作的同时，克服困难，刻苦钻研，找到了一条自己专业成长的途径。例如，有这样一位通用技术教师，虽已进入不惑之年，但他服从学校工作安排，放弃了已执教二十多年的物理教学而转岗从事通用技术课程的教学。刚开始教学时，他也出现了一些困惑与问题，但他都能积极面对，利用所有能利用的时间，深入钻研课程标准和各个版本的通用技术教材，查阅相关专业图书，虚心向学科专家请教，勇于承担并出色地完成公开课教学任务，积极参加网络研讨、课堂研究和团队研修。他在教学研究上取得了丰硕的成果，主持编写了多本图书和光盘，发表了 10 余篇学术文章，多次承担国家、省、市级公开课授课任务并取得了很好的效果。他自己还利用业余时间进行课程教学资源的研发，并有 12 项成果获国家专利，其

中 9 项专利已经开始批量生产。由于他努力钻研，专业上迅速提升，先后被评为"省级中青年科学技术带头人"和"市级教科研年度人物"。

　　教师的专业成长必然会经历由迷茫、混沌到澄澈、练达的过程。这个过程是否顺利，取决于教师能否顺利找到有效的专业发展途径。案例中这位老师的成功，一方面说明了通用技术教师专业成长的发展动力取决于坚定的信念。对渴望成长的教师而言，必须要有坚定不移的信念。在诸多不利因素的教育背景下，更需要有对职业坚定不移的信念，有对教师职业的热爱。另一方面，它还说明了通用技术教师要通过不断学习来促进自己的专业成长。技术学科综合性强，大多数教师又是转岗从事技术教育工作，没有系统的专业知识，如果不加强学习，则难以胜任通用技术教学工作，难以成为合格的通用技术教师。通用技术教师还需要通过不断地进行教学反思来促进专业成长。对准行进的目标，不断自我反思，明白教学中存在的问题，总结突破，提升自己，就能达成发展自我的愿望。

　　《课程标准》明确提出，通用技术课程教学要避免机械的、单一的技能训练，强调学习中学生技能的形成、思想方法的掌握和文化的领悟三者之间的统一，注重在拓展学生技术能力的同时，促进学生共通能力的发展。这实际上也就对通用技术教师提出了比较高的要求，要求其本人具有一定的技术素养，有一定的动手能力，了解多项技术，至少熟练掌握一项技术的基本内容，理解其中的思维方法，并且最好能有一些技术设计经验和一定的技术教学经验。这些指明了我们通用技术教师的专业发展方向。我们只有规划和设计好自己的专业成长之路，在教学中不断反思，通过信息交换、经验共享、深度会谈、专题研讨和技术实践等方式，借助专家的引领，坚持自我学习，积极参加校本教研活动，在教学方法、教学内容、研究方式、技能提升、育人能力上乐于探索、勇于创新、且行且思，才能在通用技术专业成长的道路上阔步向前。

二、现象案例：两位老师的专业提升计划

通用技术教师的专业成长需要有目的、有计划，要依靠学校和教师个人的共同努力。不同专业背景和教学经历的教师，所走的专业成长之路是不相同的，如以下两位老师。

教师 A 刚刚从工业设计院校大学毕业，学校安排他担任高一年级的通用技术课专职教师。教师 A 在做好日常教学工作的同时，还为自己确定了以下专业提升途径：

- 参加省级通用技术新课程培训；
- 参加市级通用技术课程专职教师技能培训；
- 到大学旁听相关专业的现代设计方法、系统科学等课程；
- 自修结构力学、自动控制基础、数字电路、智能机器人等课程；
- 与组内教师师徒结对，拜师学艺，积极参加教研活动。

教师 B 是一位有 10 年教龄的中年教师，之前一直担任

物理课的教学任务。因为具有相关的专业背景，学校决定由他来专职担任通用技术课程的教学和教研组长的职务。教师B接受任务后，确定的专业提升途径是：

- 参加省、市通用技术专职教师培训；
- 到本地师范院校进修技术教育课程；
- 自修结构力学、自动控制基础、数字电路、智能机器人、机械制图等课程；
- 带头执教研讨课，系统研究"技术与设计1""技术与设计2"两个必修模块各个单元的教学目标、教学策略、教学资源和教学评价方法；
- 与兄弟学校通用技术教研组加强交流。

三、通用技术教师专业成长的途径

教师专业成长是指教师在教育教学工作过程中教育观念、知识结构和教育能力的不断发展。教师的教育技能和素质只有在教育、教学实践过程中才得以不断提高。教师的专业成长可谓教师健全人格和实践性智慧成长的过程。通用技术教师的专业成长途径应该是多方面的，不同的教师可以通过不同的方式来发展其专业能力，因此专业成长也应该是充满个性化色彩的。大量通用技术教师专业成长的实践证明，下列途径行之有效。

（一）坚持不懈地学习

所有优秀的通用技术教师无一例外都有一个共同特点，那就是热爱学习，且坚持不懈地学习。他们充满智慧和灵气的课堂教学，正得益于他们广博的技术知识积累和深厚的文化底蕴积淀。

通用技术教师的专业成长需要理论的支撑，教师应根据自身的需要，有针对性地阅读一些技术理论及专业技术图书，如《技术哲学引论》《工业设计概论》《工业设计史》《现代设计方法》《系统科学》《控制工程基础》等。通过学习这些专业理论，来丰厚自己的技术底蕴，开阔自己的视野，提高自身的技术素养。

教师培训是促使教师专业快速成长的有效途径。具体而繁重的教学任务使得通用技术教师不可能有时间、有机会经常性地参加脱产学习与培训，而目前基于网络的教师远程培训方式正好解决了教师的工学矛盾，教师可以根据自己的实际情况、爱好和需求，自由选择学习时间和学习地点，灵活调整自己的学习进度、学习计划及学习内容，满足教师个性化的学习需求。

近年来，国家级、省级、市级的通用技术教师培训活动很多。就培训内容而言，有课程培训、教材培训、技能培训等各类培训。这些培训活动为通用技术教师提供了很好的学习与交流平台，并且已逐步采用参与式的培训方式，让一线教师与学科专家、优秀教师面对面地对话，请专家和优秀教师解答一线教师教学实践过程中所遇到的困惑与问题，从而有效地帮助更多教师提高教学专业能力。因此，教师要注意争取学校的重视与支持，积极争取参加培训的机会，努力提高自己的专业水平。

（二）系统深入地研究

教学研究能促使教师在自己的岗位上，立足于自己的教学实践，提出问题、解决问题，不断提高自己的教学能力。教学研究应该成为教师的职业生活方式、思想行为方式的一部分，是教师进行信息交流、经验分享、问题解决和自我展示的有效平台。

案例研究是将先进理念融入课例的一种研究形式，能有效强化教师的实践智慧，发展教师的反思能力。研讨内容包括教师设计、教学实录和教学反思三方面，可采用多人同课循环、同课异构、互动式观课、诊断式观课和反思式观课等方式。例如，通用技术教师围绕"控制系统的基本组成与工作过程"这一内容进行教学研究时，采取多人同课循环的方式。即同组的教师都选同一节内容上课，第一位教师上完课后集体评议，大家肯定优点，指出存在的问题，在此基础上，第二位教师根据新情况对自己原先设计好的教案进行调整后上课，然后进行评议。其他教师依次进行。这样，各位教师都针对同一内容进行了教学实践，在行动研究中教师的教学结构及方法逐步得到改进。再如"同课异构"，即组内各位教师围绕一个主题发挥各自特长，独立进行教学设计，相互观摩教学实践过程，教学之后教师自我反思，并辅以同伴互助，相互取长补短。

通用技术教师还可以参加一些教育沙龙活动，每次针对一个技术教学话题展开讨论。活动不强求统一的结论，旨在拓宽思路、引导思考，加深教师对某一技术问题的认识，寻求更多的教学策略，探索通用技术教学中的新方法、新模式。例如，在以"如何合理运用现代教育技术，实现通用技术课堂有效教学"为主题的教学沙龙中，教师可以围绕"现代教育技术在通用技术教学中的作用""通用技术课堂教学中如何科学运用现代教育技术"等问题自由发言。通过交流，教师可以加深认识，形成新的教学策略，用于指导教学实践。

（三）严格规范地训练

实践性是通用技术课程的突出特征，要实现通用技术课程的有效教学，通用技术教师就一定要落实好设计实践与制作实践，而这又与教师自身的动手操作技能密切相关，只有教师自己具有较强的动手操作能力，才可能在学生的设计与制作过程中发挥出应有的指导作用。而目前教师的基本动手操作技能普遍欠缺，因此，通用技术教师要有计划地进行自我训练，对照相关的指导资料，参照视频演示或图片、文字的提示，或虚心向有操作经验的人请教，加以严格规范的自我训练，直至自己能熟练掌握基本的动手操作技能为止。

（四）及时认真地总结

教师在教学活动之后，要及时审视和分析自己的教学行为、教学决策和教学结果，形成自己对教学现象、教学问题的独立思考和创造性见解，以提高自我觉察水平和教学监控能力。教师每上完一个课题之后，要认真分析总结教学的成败得失，自我反思，做出评价，肯定成绩，查找问题，分析具体原因，思考、改进教学的措施。通用技术教师要养成撰写教学后记的良好习惯，及时记录教学中的闪光点和暴露出的问题。教学后记可就教材内容的取舍或补充、课时计划的安排、教学目标的确立、教学策略的选择、教学重点和难点的确定、教学内容的组织、教学程序的编排、教学方法的斟酌、教学媒体的运用、教学现象的分析、典型问题的探讨、学生学习的设计、学生状况的观察、教学效果的检评等内容做出及时简要的记录，也可根据教学的实际情况，择其一二重点记录。通用技术教师长期坚持及时认真地进行教学总结，将有效促使教师的理性思维跃上更高的平台，有效增进教师的教学智慧。

（五）自信勇敢地展示

教学展示也是促进教师成长的一条有效途径。一些成长快的教师，就是因为其能抓住机遇，敢于承担各种研讨课、观摩课、示范课的授课任务，在公开课授课过程中磨炼自己，促使自己的课堂教学能力快速提高。公开课一般都要经历某一主题课堂教学的反复打磨，这个过程是教师深度思考、反复琢磨、集思广益、不断改进的过程，它给教师带来的专业体验和行为改进是常态课所无法比拟的。当教师不辞辛劳地打造公开课的时候，公开课也在改变教师。经过公开课的磨炼，教师对如何把握教材、读懂学生、设计课堂就会变得十分清晰，上完课以后，也可以得到评课老师反馈的自己的优点与不足，多了一份专业引领。可以说，教师在公开课的磨砺中渐渐成熟，教师的教学展示能有效缩短教师的成长周期，是教师专业成长的催化剂，是成就名师不可缺少的磨炼。

总之，通用技术教师专业发展的路径很多，至关重要的是需要通用技术教师能正确地认识自己的长处与不足，确立好自己专业素养的发展目标，自主地、持之以恒地学习，那他就一定能成为有丰富专业内涵的通用技术教师。

参考文献

[1] 普通高中通用技术课程标准（2017 年版 2020 年修订）[S]. 北京：人民教育出版社，2023.

[2] 顾建军. 普通高中课程标准（2017 年版 2020 年修订）教师指导通用技术 [M]. 上海：上海教育出版社，2021.

[3] 顾建军，吴铁军. 普通高中通用技术课程标准（2017 年版 2020 年修订）解读 [M]. 北京：高等教育出版社，2020.

[4] 田馨铭，何凤娟. 基于"结构与设计"主题的教学策略研究 [J]. 安徽教育科研，2019（20）：78-80.

[5] 秦换鱼. 核心素养理念下通用技术项目教学实践研究——以"欹器支撑架"项目为载体结构稳定性探究 [J]. 教育与装备研究，2020（07）：63-66.

学案：智能电风扇的设计与制作

一、项目核心问题

如何把教室内的电风扇改造成一个既可以根据温度变化，又可以根据教室内有人无人来调整其运行状态的"智能"电风扇？

思考：为解决这一问题，你有什么设想？

二、任务一：人体红外感应电风扇控制系统的设计与制作

活动1：探究普通电风扇的控制原理

问题1：普通电风扇是由哪些部分组成的？

问题2：电风扇在变速过程中，你采取了怎样的手段？

问题3：人，在控制电风扇变速的过程中起到了什么作用？

问题4：你能画出电风扇的电路图吗？

问题5：将所绘制的电路图，整理为框图，并确定输入、输出环节。

小结：现在，我们可以知道：理解控制现象，要明确控制的对象是什么，控制要达到什么样的目的，采取了怎样的

控制手段。例如，在控制普通电风扇变速的过程中，控制的对象是（　　），控制的目的是（　　），控制普通电风扇变速的手段分别是（　　），控制普通电风扇运行与停止的手段是（　　）或（　　）。

活动2：制订人体红外感应电风扇控制装置原理性设计方案

1. 进行原理性设计方案需要完成的几个问题

问题1：人体红外感应电风扇控制系统的控制目的是什么？

问题2：人体红外感应电风扇控制系统的被控对象是？有什么基本特性？

问题3：人体红外感应电风扇控制系统的被控量、控制量各是什么？

问题4：可供选择的人体红外传感器有哪些？哪些适合用于原理性模型？哪些适合用于真实产品？

问题5：根据以上分析，确定控制系统构成方案。

问题6：请你画出人体红外感应电风扇的控制系统框图。

2. 制订原理性设计方案涉及的若干细节问题

问题1：本项目中的执行器是什么？生产生活中常用来作为执行器的装置（器件）有哪些？

问题2：继电器是如何控制电动机启停的？继电器的输入和输出各有什么特点？

问题3：人体红外感应电风扇控制系统，可以通过红外传感器感知系统周边是否有人。除此之外，还有哪些传感器能检测到系统周边有人？这些传感器是否适合用于本项目？

问题 4：控制器（控制电路）是如何实现控制目的的？

问题 5：请你将烧录在控制器（单片机）中的程序用流程图的方式表达出来。

思考：对比活动 1 和活动 2 中两种电风扇，找出两者在控制方式、控制手段的差别。

三、任务二：制订温控电风扇控制装置原理性设计方案

活动 1：探究温度传感器的工作原理及应用

问题 1：温控电风扇的工作原理是什么？

问题 2：将人体红外感应电风扇，改造成温控电风扇，你需要完成的工作有哪些？

活动 2：搭建、调试温控电风扇控制系统原理性模型

问题 1：温控电风扇和人体红外感应电风扇在控制系统的输入、输出、执行器、控制器以及被控对象等方面一样吗？

问题 2：在温控电风扇控制系统中，控制器要不断地通过温度传感器获取实时气温，温度传感器在这个控制系统中起到了什么作用？

问题 3：在温控电风扇控制系统中，控制器收到反馈信号后会怎样处理？

问题 4：请你用框图将确定后的控制系统构成方案描述出来。

问题 5：根据选定方案，搭建、调试温控电风扇控制系

统原理性模型。

思考：对比人体红外感应电风扇和温控电风扇，两者有何不同？

四、任务三："智能"电风扇控制系统的设计与制作

本项目的核心问题是如何把教室内的电风扇改造成一个既可以根据温度变化，又可以根据教室内有人无人来调整其运行状态的"智能"电风扇。

活动1：同一控制系统多传感器应用探究

问题1："智能"电风扇控制系统需要使用几种传感器才能实现设计目标？

问题2：多个传感器是否需要配合多个控制器才能使用？

活动2："智能"电风扇控制系统原理性方案设计

问题1："智能"电风扇控制系统的输入、输出、执行器、控制器以及被控对象等环节是什么？

问题2："智能"电风扇控制系统的方框图应该怎么画？

问题3：确定控制系统构成方案。

活动3：搭建、调试"智能"电风扇控制系统原理性模型

问题1：根据选定方案，搭建、调试"智能"电风扇控制系统原理性模型。

问题2："智能"电风扇控制系统在调试时的注意事项有哪些？

问题3：你对调试结果满意吗？如果不满意的话，你会怎么做？

经过前面的学习，相信你已经完成了"智能"电风扇控制系统的设计方案。现在，就请你将完整的设计方案写下来吧。

五、"智能"电风扇控制装置实物模型设计要求

（一）技术指标

（二）结构要求

（三）功能要求

（四）外形要求

（五）其他要求

请在实践操作之后总结：在制作模型或原型过程中遇到了哪些困难？本小组是如何解决的？

六、关于产品的测试、评估及优化

问题1：测试的目的是什么？

问题2：测试结果是怎样的？如测试结果不能令人满意，可能是什么原因？

问题3：如何综合各方面因素，对产品进行评估？

问题4：可以从哪些方面对产品进行优化？